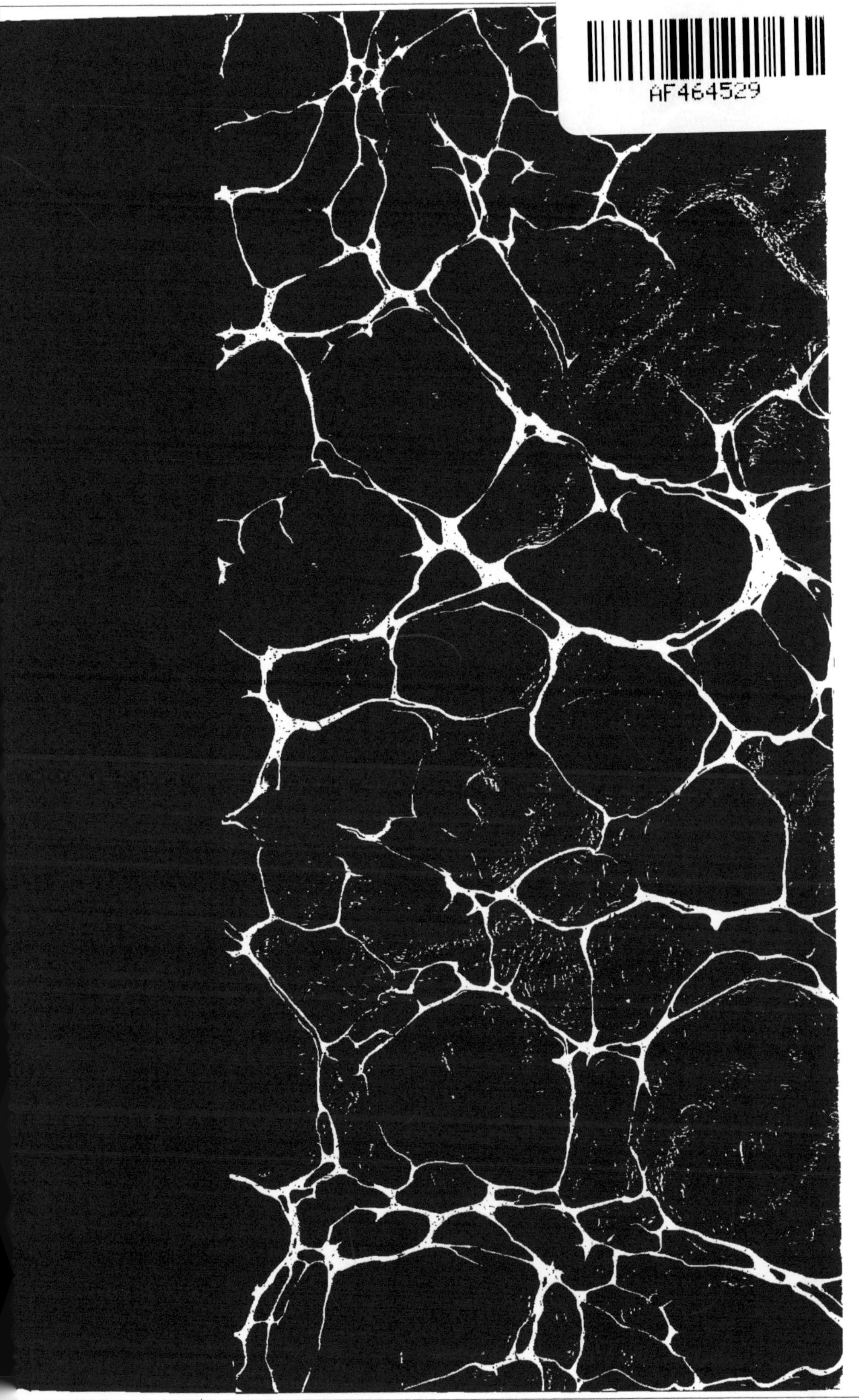

HISTOIRE
ANCIENNE,
OU
PREMIÈRE PARTIE
DE
L'HISTOIRE
DES HOMMES.

Hist. Rom. Tome XIV.

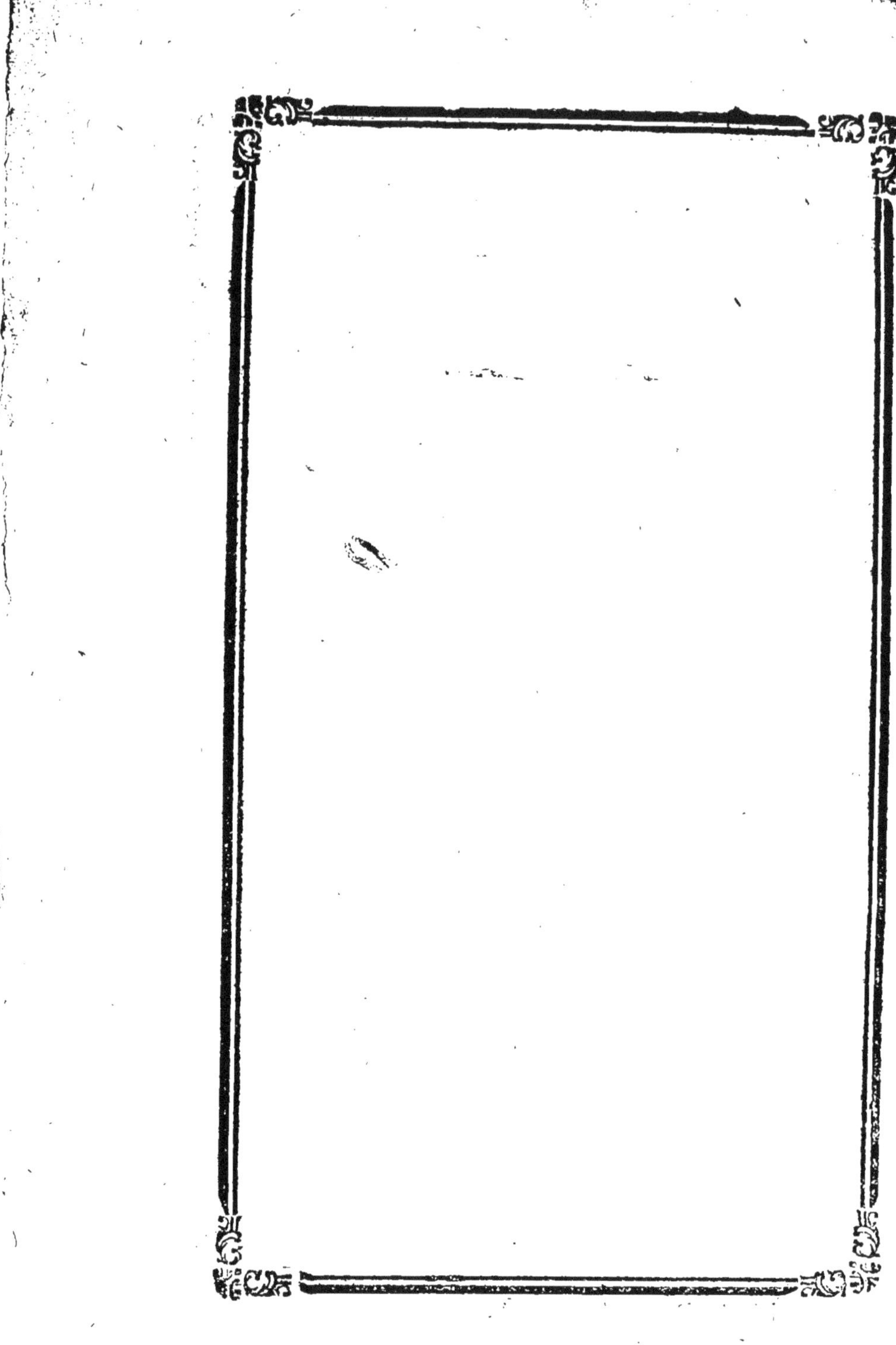

HISTOIRE DES HOMMES,

OU

HISTOIRE

NOUVELLE

DE TOUS LES PEUPLES DU MONDE.

PARTIE DE L'HISTOIRE ANCIENNE.

TOME XL.

A PARIS.

M. DCC. LXXXV.

Avec Approbation & Privilége du Roi.

SUITE
DE
L'HISTOIRE DE ROME, SOUS LES EMPEREURS.

Regne de Messaline. Sa cruauté. Débordement de ses mœurs. Son mariage avec Silius. Sa mort tragique.

Claude, gouverné par ses Affranchis, laissait encore échapper de temps en temps des signes de toute puissance; mais quand une fois Messaline vint le dominer, il ne fut plus qu'un automate, dont une femme impérieuſe dirigeait les fils au gré de ſon libertinage ou de ſa férocité. Le vieux Sultan ne ſe réveilla qu'au moment de la mort tragique de ſa femme : ainſi, ce ferait tromper les hommes que de rapporter les évènemens publics, arrivés pendant le cours de cette longue léthargie, au règne de Claude ; il faut les dater tous du règne de Meſſaline.

Claude, juſqu'à ſon avènement à l'Empire, n'avait pas été heureux en mariages : on lui avait fait épouſer dans ſa jeuneſſe d'abord une Emilie, arrière-petite-fille d'Auguſte, & enſuite une Livie, de l'ancienne maiſon du Dictateur Camille, & qui portait le nom de ce grand homme. Il répudia la première avant d'en avoir joui, & l'autre mourut le jour même où il devait paſſer dans ſes bras. Il reçut dans la ſuite la main de Plautia & de Pétina, toutes deux filles de Conſulaires, & il leur ſignifia à toutes deux des lettres de divorce. Pétina n'avait aucun délit grave à se reprocher ; pour Plautia, on l'accusait du désordre de ses mœurs, & d'avoir attenté à la vie de son époux. Il semblait que quatre mariages contractés sous de si funestes auspices, devaient engager Claude à rester désormais dans le célibat ; mais comme l'exercice de sa volonté était pour lui le plus pénible des fardeaux, il chercha à lier sa destinée à une femme qui pût encore maîtriser sa pensée, & son choix tomba sur la fille de Barbatus, son cousin, sur la trop fameuse Messaline.

Messaline, en femme habile, chercha à régner sur son époux avant de régner sur le monde : elle ne tarda pas à s'appercevoir de la facilité qu'elle aurait à enchaîner un Prince sans caractère, qui s'offrait de lui-même à la servitude. Elle le dédaigna bientôt, au point de ne vouloir pas employer, pour l'asservir, le secours de ses charmes, & elle sembla lui dire : *Tu obéiras parce que tu es Claude, & je te commanderai parce que je suis Messaline.*

Meſſaline commença ſon règne en répandant la terreur ; il y avait à la Cour une Julie, fille de Germanicus, qui, en qualité de nièce de l'Empereur, le voyait à toute heure, & commençait à prendre de l'aſcendant ſur lui. La nouvelle Souveraine ne lui pardonna ni d'être belle, ni d'approcher de ſa main les rênes du Gouvernement : elle l'accuſa d'adultère ; & ſans permettre à cette illuſtre infortunée de faire entendre ſes défenſes, elle l'exila, & peu après la fit mettre à mort.

Sénèque, le fameux inſtituteur de Néron, fut impliqué dans cette affaire odieuſe, & relégué dans l'île de Corſe, comme coupable d'adultère avec Julie. On ſe doute bien que c'eſt un certificat de vertu auprès de la poſtérité, que d'être accuſé de débordement de mœurs par Meſſaline ; mais le moment n'eſt pas venu de nous étendre ſur Sénèque : la vie de ce grand homme appartient au règne de Néron, qu'il eut l'art, pendant quatre ans, de rendre le plus ſage des Souverains, & dont la reconnoiſſance l'envoya au ſupplice.

Une autre Julie, née de Druſus, fils de Tibère, & mariée en premières noces à Néron, fils aîné de Germanicus, éprouva le même ſort que la nièce de Claude. Une rivalité d'amour, que les femmes ne pardonnent jamais, fut la cauſe de ſa perte; la première Julie avait péri par le fer; la ſeconde fut condamnée par l'impitoyable Impératrice à mourir de faim.

Meſſaline ne voulait que d'illuſtres victimes. Il y avait à la Cour un Gouverneur d'Eſpagne, du beau nom de Silanus, qui avait épouſé la mère de cette Princeſſe, & dont le fils était gendre de l'Empereur. Cette double alliance ne mit pas ſa tête en sûreté; comme il était d'une figure & d'un âge propres à inſpirer des deſirs, Meſſaline en devint amoureuſe; mais le nouvel Hypolithe ayant conſervé ſa vertu ſauvage, l'abominable Phèdre jura ſa mort. De concert avec

Narciſſe, elle imagina un ſtratagême qui ne pouvait devoir ſon ſuccès qu'à la ſtupidité de Claude. Ce Prince était d'une timidité, dont la femme la plus puſillanime aurait rougi : on obtenait tout de lui en l'effrayant. Un matin, qu'il était couché avec l'Impératrice, l'affranchi entre tout-à-coup d'un air égaré, & lui dit qu'il l'a vu en ſonge poignardé par Silanus. Meſſaline feint de la ſurpriſe, admire le rapport du rêve de Narciſſe avec le ſien ; & Silanus, que le couple perfide avait mandé de la part de l'Empereur, s'étant préſenté dans le moment, Claude, qui crut voir en lui ſon aſſaſſin, le fit maſſacrer par ſes gardes. L'imbécille Souverain donna cet ordre atroce de ſi bonne foi, que le lendemain il fit rapport au Sénat de tout ce qui s'était paſſé, & il ne manqua pas de ſe répandre en témoignages de reconnaiſſance envers ſon affranchi, qui, même en dormant, veillait à la ſûreté de ſa perſonne.

La mort tragique de Silanus n'ouvrit

pas les yeux à Vinicius ſur le danger qu'il y avait à tromper les fureurs amoureuſes de Meſſaline. Ce reſpectable Conſulaire, homme plein de douceur, & qui jamais n'était entré dans aucune intrigue de Cour, ayant refuſé de ſouiller le lit de ſon Souverain, reçut en récompenſe de ſa vertu une coupe de poiſon Meſſaline, dont la vengeance était ſatisfaite, permit qu'on décernât des funérailles publiques à ſa victime.

On ignore quel fut le motif de la haine que Meſſaline voua à Pompée, gendre de l'Empereur; mais ſur un ordre de Claude, que cette furie avait extorqué, elle l'envoya poignarder dans ſon lit, dans les bras de ſon Ganymède. Craſſus, père de l'infortuné, & Scribonia ſa mère, périrent avec lui. On feignit de redouter l'ambition de Craſſus; mais ce rejetton, de la race du fameux Triumvir, n'était rien moins que dangereux: la nature ne l'avait pas mieux organiſé que Claude; & ce prétendu rival des Céſars était auſſi digne de le remplacer que hors d'état d'aſpirer à ſa place.

La mort de Valerius Aſiaticus rendit Meſſaline encore plus odieuſe, & le pinceau de l'immortel Tacite n'a pas peu contribué à répandre ſur le crime de la courtiſane couronnée un intérêt qu'on ne trouve point dans le récit de ſes autres attentats, tel qu'il nous a été tranſmis par les Dion & les Suétone.

Aſiaticus deux fois Conſul, & alors le chef du Sénat, eſt le même Romain qui, à la mort de Caligula, voyant la multitude diſpoſée à venger le Tyran, eut le courage, pour lui impoſer ſilence, de dire qu'il aurait voulu être le Brutus de ce nouveau Tarquin; il poſſédait les fameux jardins de Lucullus, & Meſſaline, qui ne pouvait y entrer que par la mort du maître, proſcrivit ſa tête. Elle le fit accuſer d'un commerce adultère avec Poppée, gendre de Scipion, & d'intrigues encore plus criminelles avec des Ganymèdes. Ce fut Suilius, le plus vil & le plus accrédité des délateurs, qui se chargea d'être l'instrument de ses vengeances; il ajouta à ces prétendus délits celui d'avoir voulu soulever les légions de Germanie. Claude, que le bourdonnement d'un insecte faisait trembler, craignit une conjuration de la part de l'héritier des Héros de l'ancienne République. Le Préfet du Prétoire eut ordre de partir à l'instant avec un nombreux détachement des gardes, pour étouffer la révolte dans son germe. L'illustre Consulaire était alors en Campanie, tranquille sur l'orage qui menaçait sa tête: on l'arrête dans sa maison de plaisance, on le charge de fers, & on le traîne à Rome. A l'instant son procès s'instruit, non au Sénat, mais dans le cabinet de Claude & en présence de Messaline.

Asiaticus aimait la gloire encore plus que la vie, il ne déshonora point ses derniers momens par des bassesses, & il se défendit avec un courage si noble, que Claude en fut ému; Messaline elle-même répandit quelques larmes, mais c'étaient des larmes hypocrites que le ſang d'une victime allait ſécher ; en ſortant pour aller eſſuyer ſes yeux humides, elle recommanda à Vitellius de ne point laiſſer échapper l'ennemi des Céſars.

Cependant la calomnie ſe détruiſait d'elle-même ; l'illuſtre accuſé ayant demandé qu'on lui confrontât un des ſoldats dont on le chargeait d'avoir corrompu la fidélité, on en produiſit un qui ne l'avait jamais vu, & qu'on avait ſeulement prévenu qu'Aſiaticus était chauve. Cet agent de Suilius, interrogé s'il connaiſſait l'accuſé, répondit affirmativement, & déſigna un des courtiſans qui aſſiſtait au procès, & qui avait auſſi la tête dépourvue de cheveux. Cette mépriſe commença à éclairer Claude, & le Prince inclinait à la clémence, quand Vitellius en empêcha l'effet par une perfidie.

Ce vil ami de Meſſaline compoſe tout d'un coup ſon viſage, verſe quelques larmes, proteſte qu'Aſiaticus a été ſon ami de tous les temps, rapporte les ſervices que l'accusé a rendus à l'Empire, sur-tout dans l'expédition de la Grande-Bretagne, & lorsque le Tribunal s'attendait qu'il allait lui faire déférer une Couronne ou des Statues, il conclut tout d'un coup à lui laisser le libre choix du genre de mort qu'il voudrait adopter. Claude était si accoutumé à n'avoir qu'une ame factice & une volonté d'emprunt, qu'il opina de même, croyant faire un acte de clémence envers Asiaticus.

Asiaticus, héritier de la gloire des grands hommes de la République, mourut avec leur constance; il prit le bain, soupa avec gaîté avec ses amis, & ne se permit aucune plainte sur sa destinée, si ce n'est qu'il lui aurait été plus honorable de périr par le machiavélisme de Tibère ou par la frénésie de Caligula, que par la fourberie d'une Messaline & la langue impure d'un Vitellius; ensuite, il alla voir le bûcher sur lequel son corps devait être brûlé, & il le fit transporter dans un lieu plus découvert, afin que la vapeur de la flamme n'endommageât pas des arbres qu'il avait plantés. Ses ordres exécutés, il rentra dans son appartement & s'y fit ouvrir les veines : on croyait à Rome cette mort plus douce que celle du poison.

Poppée fut entraînée dans la chûte d'Asiaticus : Messaline avait à la punir, non d'un adultère, espece de délit qui ne lui semblait pas digne de son courroux, mais de partager avec elle le cœur du pantomime Mnester, dont elle était elle-même éperdument éprise. Impatiente de perdre sa rivale, pendant qu'on instruisait encore dans le Palais le procès d'Asiaticus, elle lui envoya des satellites qui lui inspirèrent tant d'effroi, qu'elle se résolut à terminer ses jours par le suicide. Claude, qui ignorait les sentences de mort prononcées par sa femme, voyant le surlendemain Scipion à sa table, lui demanda pourquoi il n'avait pas amené Poppée : on lui dit qu'elle n'était plus, & le chef de l'Etat n'en demanda pas davantage

Suilius fut récompensé de son infâme délation en partageant les dépouilles d'Asiaticus. Ce Suilius trafiquait déjà depuis long-temps de ses perfidies, & il y avait acquis une fortune immense : un Chevalier Romain lui avait donné quatre cents mille sesterces pour le défendre ; mais apprenant qu'il avait reçu une somme plus considérable de sa partie adverse pour le trahir, désespéré de perdre sa fortune, il vint dans la maison du délateur, & s'y tua d'un coup de poignard.

Messaline, qui avait fait l'essai de son despotisme en abattant impunément tant de têtes illustres, persuadée que la nullité de Claude la mettait désormais à l'abri de tout danger, se livra avec fureur aux plus affreux débordemens. Le Palais Impérial devint une espèce de serrail, où elle apprit aux femmes de la plus haute naissance à se prostituer : quand leurs maris se prêtaient à ces infâmes jouissances, les Consulats & les Gouvernemens devenaient le prix de leur infâmie ; mais s'ils ne voulaient auprès d'eux que des Lucrèce & des Virginie, Meſſaline faiſait récompenſer leur vertu par une coupe de poiſon ou par un coup de poignard.

Meſſaline s'inquiétait ſi peu de ſouiller le lit conjugal par ſes adultères, que par un raſinement de libertinage, elle invoquait l'autorité de ſon époux pour aſſurer le ſuccès de ſes intrigues les plus abominables. A la naiſſance de ſes amours pour Mneſter, ce pantomime ayant témoigné quelque crainte ſur les ſuites d'un commerce criminel avec la femme de ſon Souverain, elle eut l'impudence de faire ſigner un acte à Claude, par lequel il était ordonné à Mneſter d'obéir en tout à Meſſaline.

On ne peut mieux terminer cette partie de l'hiſtoire de Meſſaline, ſur laquelle la plume chaſte d'un Philoſophe craint de peſer, qu'en tranſcrivant un tableau énergique de ſes débordemens, tracé par Juvenal (*a*).

(*a*) Ce Juvenal, ſi chaſte dans ſon cyniſme,

« Voilà donc la destinée qui attendait » ces rivaux des immortels, qu'on appelle » les Césars. Dès que Messaline croyait » Claude endormi, préférant un vil grabat » au duvet du lit Impérial, cette auguste » courtisane s'évadait du Palais, suivie » d'une seule confidente ; elle se glissait » à la faveur des ténèbres, & sous le » nom de Lysisca, dans une loge qui » conservait encore la chaleur fétide de » la prostitution : c'est-là que le sein dé» couvert, Messaline brillante d'or, dé» vouait à la brutalité des portefaix de » Rome, les flancs qui te portèrent, gé» néreux Britannicus ! Cependant elle » flatte quiconque se présente, & de-

---

& qui respire encore dans la traduction pleine de vie de l'ingénieux Dusaulx. Il y a dans le tableau original deux vers sublimes qui ont fait proverbe :

Et lassata viris, nec dum satiata, recessit.

& sur-tout celui-ci,

Ostendit quæ tuum, generose Britannice, ventrem.

» mande le salaire accoutumé ; quand » l'heure est venue, où le maître du » serrail congédie ses courtisanes, elle » en frémit ; brûlant de jouir encore, elle » ne veut partir que la dernière, & pro- » fiter du temps au gré de sa fureur ; » elle sort enfin plus fatiguée qu'assouvie ; » enfumée par la lampe, les joues livides, » toute souillée, elle rapporte l'odeur » de cet antre sur l'oreiller de l'Empe- » reur ».

Messaline couronna le Roman de ses amours abominables par son mariage avec Silius, le plus beau jeune-homme de la noblesse Romaine, & Consul désigné ; elle l'avait vu effacer tout le monde aux spectacles divers des jeux séculaires, & elle conçut dès-lors pour lui une passion forcénée, qui causa la perte de tous deux. Silius avait épousé Silana, Romaine, d'une naissance illustre, & alliée à la maison des Césars. Son amante l'obligea à la répudier, pour ne point partager son cœur avec une rivale ;

ensuite elle imagina de l'épouser publiquement & sous les yeux même de Claude ; ce mariage avait pour elle, dit Tacite, l'amorce de l'infâmie, dernier plaisir qui reste à goûter à un cœur blasé (*a*).

Le mariage se célébra en effet avec tout l'appareil d'une noce légitime entre une Reine & le maître du Monde ; les augures furent consultés : on consigna la dot, & ce qu'il y a de plus étrange encore, Messaline qui avait allarmé la superstition de Claude par la crainte d'un péril imaginaire qui menaçait sa tête, eut l'audace de lui faire signer son contrat de mariage.

Ce dernier trait d'impudence amena la catastrophe ; Narcisse, qui depuis longtemps voulait régner seul, va trouver Claude à Ostie, corrompt, à force d'argent,

(a) *Nomen matrimonii concupivit, ob magnitudinem infamiæ cujus apud prodigos novissima voluptas est.*

deux concubines de ce Prince, & les engage à être les délatrices de Messaline. Alors le charme tombe des yeux du vieux Sultan; comme on lui fait entendre qu'en cédant la main de son épouse il allait céder l'Empire à un rival, il se détermine à punir l'attentat qu'il n'avait pas eu le courage de prévenir. Les historiens observent que ce Prince fut bien moins allarmé de l'opprobre dont le mariage de Messaline le couvrait, que des suites de l'ambition de Silius. Au moment où il signait l'arrêt de proscription contre le couple adultère, il s'enfuyait avec ignominie dans le camp des Prétoriens, & pendant toute la route, il ne cessait de demander s'il était encore Empereur.

Pendant que l'orage grondait sur la tête de Messaline, toute entière à l'ivresse de son nouvel hymen, elle célébrait dans le Palais Impérial la fête du Dieu de la vendange; une foule de courtisanes de qualité, vêtues de peaux de bêtes féroces, couraient ça & là ſous le maſque des Bacchantes, tandis que Silius couronné de lierre, contrefaiſait Silène, & que Meſſaline échevelée, agitait ſon thyrſe & ſes feintes couleuvres : l'orgie ſe continua dans le jardin des Céſars; pendant que la fête était le plus animée, on prétend que Valens, un des Miniſtres des Bacchantes, monta par manière de jeu au ſommet d'un grand arbre; & comme on lui demandait ce qu'il voyait, *j'apperçois*, dit-il, *une tempête horrible qui ſe forme du côté d'Oſtie.*

En effet, Claude approchait, exhalant par intervalles les plus terribles menaces. Narciſſe, qui ſe défiait de Geta, Préfet du Prétoire, s'était fait donner pour ce jour-là le droit de commander les gardes, &, prenant place dans le char de l'Empereur, il prenait la route de la capitale.

Le bruit de la marche du Prince ſe répand en un inſtant dans Rome; le Palais devient une ſolitude immenſe, tout ſe diſperſe, & Meſſaline, effrayée pour la première fois, se retire dans les jardins de Lucullus; après de longs & pénibles combats sur le parti qui lui reste pour faire tête à l'orage, elle fait venir ses deux enfans, Britannicus & Octavie, avec Vibidia, la plus âgée des Vestales, & se détermine à aller avec ce faible cortège au-devant de Claude pour embrasser ses genoux & implorer sa clémence; comme elle n'avait autour d'elle aucun esclave qui pût lui amener un char, elle sort des jardins de Lucullus, traverse à pied toute la ville, & trouvant à la porte un tombereau d'immondices, elle y monte, & prend le chemin d'Ostie. Un pareil revers n'excita aucune pitié, tant l'horreur de ses crimes prévalait sur la sensibilité que devait inspirer leur juste vengeance!

A peu de distance des remparts, Claude apperçut Messaline qui demandait à grands cris à être entendue dans ses défenses; Narcisse, pour occuper les regards du Prince, lui donna à lire un mémoire qui renfermait le tableau de l'affreux débordement de la nouvelle épouse de Silius. On voulut présenter Britannicus & Octavie à l'Empereur, & l'audacieux affranchi les fit retirer : la Vestale fut la seule qu'on ne put empêcher de s'élancer au-devant du char ; elle dit avec fermeté que toutes les loix sociales obligeaient un mari à ne point condamner sa femme sans l'entendre. Narcisse répondit que c'était aussi l'intention du Prince, & il ajouta qu'il conseillait à l'amie de Messaline de retourner dans le temple de Vesta, s'occuper de son ministère sacré. Pendant toute cette scène, Claude gardait un silence stupide ; on aurait dit que l'attentat de Silius regardait un étranger, & que Narcisse était l'ancien époux de Messaline.

Le cortège de l'Empereur une fois entré dans Rome, Narcisse fit conduire le char droit à la maison de Silius ; là il eut la perfide adresse de promener les regards stupéfaits du Prince sur les ameublemens du Palais Impérial, & de lui montrer la vaiſſelle, les vaſes & les ſtatues qui avaient autrefois décoré les maiſons de plaiſance des Druſus, des Néron & des Céſars, devenus le prix de la débauche & de l'adultère : ce ſpectacle acheva de rendre Claude à lui-même. Il harangua les Prétoriens, & montant ſur ſon Tribunal, il promit de meſurer, par l'énormité du délit, l'étendue de la vengeance.

Silius fut amené le premier au camp des Prétoriens ; ce jeune inſenſé déploya un courage que ne promettait point la licence de ſa vie ; il ne fatigua point ſon juge par une apologie inutile, & demanda pour toute grace qu'on hatât ſon ſupplice. Son ſang coulait encore, quand on traîna, chargé de chaînes, le pantomime Mneſter ; en vain le vil Hiſtrion, pendant qu'on déchirait ſes habits, allégua-t-il l'ordre ſigné par Claude, d'obéir en tout à Meſſaline ; il futmis à mort. Les autres complices ſubirent ſucceſſivement la même deſtinée, & on ne pardonna guères qu'à Lateranus, en faveur des ſervices de ſon oncle, qui venait de faire la conquête d'une partie de la Grande-Bretagne.

Meſſaline reſtait, & Narciſſe croyait n'avoir encore rien fait pour ſa haine & pour ſon ambition. Claude, de retour au Palais, ſe mit à table, &, la tête échauffée par les vapeurs du vin, ordonna qu'on allât avertir *la malheureuſe* (c'eſt le terme dont il ſe ſervit) pour venir répondre le lendemain à ſes accuſations. Narciſſe ſentit que le courroux du Prince ſe rallentiſſait, & que ſi jamais l'amour reprenait ſes droits, ſa victime allait lui échapper : le ſcélérat alors ne conſulte que ſon machiavéliſme ; il ſort, & donne ordre, de la part de l'Empereur, à un tribun, & à quelques centurions, d'aller ſur le champ égorger Meſſaline.

La coupable était retournée dans les jardins de Lucullus ; le ſatellite de Narciſſe la trouva couchée par terre, n'ayant auprès d'elle que Lepida sa mère, qui l'exhortait à prévenir son supplice par le suicide; mais, dit Tacite, cette ame énervée par le libertinage avait perdu son ressort, & n'était plus susceptible d'aucun sentiment généreux. Messaline attendit dans les transes du désespoir ses bourreaux; & ce ne fut que lorsqu'ils l'accablèrent d'imprécations & d'injures, que voyant que tout allait finir pour elle, sa main tremblante prit une épée, & tenta de s'en percer le sein; comme elle appuyait mollement, le tribun tira la sienne, & la lui passa au travers du corps: Lepida eut la liberté de rendre à son odieuse fille les honneurs de la sépulture.

L'habitude de l'ivresse avait tellement abruti l'esprit de Claude, que rien ne laissait de traces dans son cerveau; le jour même qu'on lui annonça la mort de Messaline, en se mettant à table il demanda pourquoi l'Impératrice ne venait pas. Le triomphe des accusateurs de sa femme, la douleur profonde d'Octavie & de Britannicus, rien ne le tira de sa stupide insensibilité; seulement il déclara publiquement devant ses gardes, que puisqu'il était si malheureux dans ses mariages, il se proposait de rester désormais dans le célibat, & il ajouta que s'il lui arrivait d'enfreindre sa promesse, il consentait à être poignardé de leurs propres mains : mais les sermens de la vieillesse imbécille ressemblent à ceux de l'enfance; la liberté de Claude l'embarrassait; & à peine la cendre de Messaline commençait-elle à se refroidir, qu'il donna sa main à une autre furie qui devait empoisonner ses jours & abréger sa carrière.

MARIAGE DE CLAUDE AVEC AGRIPPINE. ADOPTION DE NÉRON SON FILS. GOUVERNEMENT ODIEUX DE CETTE PRINCESSE.

DÈS que Meſſaline ne fut plus, toutes les femmes de la Cour briguèrent ſa place : on les voyait à l'envi faire valoir leur nobleſſe, leur opulence, leur beauté, & employer le manège de la coquetterie la plus rafinée pour captiver le cœur de Claude ; non qu'elles eſtimaſſent ce Deſpote ſtupide : mais le premier Trône du monde était le prix de leur complaiſance. Bientôt le vieux Sultan, au milieu de cet immenſe ſerrail, ne balança plus qu'entre trois prétendantes : c'étaient Lollia Paulina, que Caliſte ſoutenait de ſon crédit ; Elia Petina, que Narciſſe avait l'inſolence de protéger ; & Agrippine, qui ſe proſtituait à Pallas pour être un jour Souveraine de Rome. Après une lutte longue & opiniâtre, Agrippine l'emporta ; comme elle était nièce de l'Empereur, ce privilège lui permettant d'entrer à toute heure dans le palais, elle en abusa pour allumer dans un cœur ouvert à toutes sortes d'impressions, une flamme incestueuse. Claude était incapable d'un retour sur lui-même ; & dès qu'il se vit dans le piège, il y resta par habitude, jusqu'à ce que tout s'écroulant autour de lui, il voulût se dégager, & qu'en cherchant la liberté il rencontrât la mort.

Cependant le secret du choix de Claude fut quelque temps à transpirer, & Agrippine, avant d'être épouse, osa en affecter la puissance ; pour se lier d'une chaîne indissoluble à la maison des Césars, elle songea à faire épouser à Domitius son fils, plus connu sous le nom de Néron, Octavie, sœur de Britannicus : malheureusement ce plan de domination ne pouvait s'exécuter sans une perfidie ; car la fille de Claude était promise au jeune Silanus,

Citoyen de la plus haute nobleſſe, & qui deſcendait d'Auguſte en droite ligne: un crime de Vitellius, le confident d'Agrippine, applanit toutes les difficultés. Silanus avait une ſœur d'une rare beauté, mais dont la vertu dans une Cour où il ne pouvait y avoir de Lucrèce, devait au moins être ſoupçonnée; Vitellius répandit habilement un vernis d'inceſte ſur le commerce du frère & de la ſœur, & comme il était Cenſeur, au moment où les eſprits étaient le moins préparés, il raya Silanus du tableau des Sénateurs, l'obligea d'abdiquer la Préture, & donna par-là un prétexte à Claude de lui retirer ſa parole pour le mariage d'Octavie. Le jeune infortuné ſentit toute l'horreur du coup qu'on lui portait; & après avoir dévoré quelque temps ſon chagrin, il ſe tua lui-même le jour du mariage d'Agrippine.

Cependant ce mariage, qui devait donner une autre baſe au Gouvernement, ne ſe célébrait pas avec la pompe accoutunée; quoique les deux époux ne fiſſent point myſtère de leur union, Claude n'oſait conduire Agrippine du lit nuptial à l'autel; l'idée d'inceſte l'allarmait, & il craignait que cette union illégitime n'attirât le courroux des Dieux ſur ſa tête. Vitellius, l'éternel adulateur de ſes Souverains, eut la baſſeſſe de ſe charger de lever ſes ſcrupules.

Un jour que Claude flottait dans ſes éternelles irréſolutions, le confident d'Agrippine va le trouver, & lui demande s'il prétend réſiſter à l'autorité du Sénat & aux ordres du Peuple Romain. Claude, que ce début de la part du plus vil de ſes courtiſans était loin d'allarmer, répond avec une fauſſe modeſtie qu'il était Citoyen de Rome, & qu'il ſe faiſait gloire de déférer au ſuffrage unanime de la République. Vitellius ſort à l'inſtant, va convoquer le Sénat, & fait ſi bien par ſes inſinuations artificieuſes, qu'il engage la Compagnie à regarder le mariage du Prince avec ſa nièce comme un sacrifice fait à l'intérêt de l'Empire : *on connaît*, dit-il avec une audace qu'une bouche moins impure aurait regardé comme la plus insultante des ironies, *on connaît les grands travaux de notre Souverain ; il est temps qu'on lui donne un aide & un appui, afin que libre des soins domestiques, il puisse vaquer tout entier au bonheur du genre humain.*

L'affaire passa à l'unanimité, & il y eut même des Sénateurs assez bas pour ajouter à l'adulation de Vitellius, & déclarer que si l'Empereur avait encore des scrupules, il fallait le contraindre à un inceste d'où dépendait la félicité publique. Claude se rendit à une conclusion qu'il avait tant désirée ; il sortit du Palais, demanda un Sénatusconsulte qui autorisât désormais l'union des oncles avec leurs nièces, & reçut aux autels la foi d'Agrippine.

Agrippine instruite par le désastre de Messaline, ne commença pas son règne par des actes de tyrannie ; elle fit rappeller Sénèque d'exil, lui obtint la Prêture; & pour réformer l'éducation perverſe qu'on avait donnée à Néron, qui juſqu'alors n'avait obéi qu'à un baigneur & à un hiſtrion, elle lui donna pour inſtituteur ce Philoſophe.

Quelque temps après, elle donna le commandement des cohortes Prétoriennes à Burhus, homme de mœurs ſévères, officier diſtingué, excellent patriote, & à qui la critique la plus ſévère n'a jamais pu reprocher que de s'être trop ſouvenu à quelle furie il devait ſa fortune.

Agrippine, pour étendre juſques chez les étrangers ſa renommée de bienfaiſance, établit une Colonie Romaine dans une ville des Ubiens, peuple Germain d'origine, qu'Agrippa ſon aïeul avait transféré en-deçà du Rhin. Cette ville, nommée du nom de ſa fondatrice, *Colonia Agrippina*, eſt notre moderne Cologne, une des Métropoles de l'Allemagne.

Cependant la nouvelle Souveraine ſe laſſa bientôt d'être l'idole de Rome. Soutenue du crédit de Pallas, à qui elle continuait de se prostituer, elle exerça dans le Palais une domination superbe, telle que l'homme le plus impérieux pouvait l'exercer, & y ajouta des rapines cruelles, comme si après avoir fait taire par-tout le patriotisme républicain, elle avait eu besoin, pour affermir son pouvoir, d'envahir toutes les propriétés.

Quand Agrippine vit que Rome baissait sous le joug sa tête docile, elle exerça impunément ses vengeances personnelles; se ressouvenant que Lollia avait osé lui disputer le cœur de Claude, elle aposta un délateur qui l'accusa d'un commerce superstitieux avec des Astrologues; &, sous ce prétexte frivole, elle la fit exiler. Lollia était la femme la plus riche de l'Empire: Pline assure l'avoir vue porter sur elle quarante millions de sesterces en pierreries; son ennemie ne lui laissa de ses biens immenses que de quoi soutenir, dans une condition obscure, sa pénible existence; encore quelques mur-

mures

mures lui ayant échappé, l'implacable épouſe de Claude envoya des aſſaſſins dans ſon exil, qui, après l'avoir égorgée, lui apportèrent ſa tête.

Tout faiſait ombrage à la farouche jalouſie d'Agrippine : Calpurnia ſe vit exiler loin de l'Italie, uniquement parce que Claude avait ſans deſſein fait l'éloge de ſa beauté.

Domitia, tante de Néron, & la plus dangereuſe des rivales de cette Princeſſe, n'échappa pas à ſes fureurs : cette Romaine, à-peu-près du même âge qu'Agrippine, ne lui cédait ni en nobleſſe, ni en opulence, ni en beauté. L'épouſe de Claude, inſtruite qu'elle prenait un grand aſcendant ſur l'eſprit de ſon fils, aſcendant dont elle pourrait abuſer un jour, ſi ce fils venait à régner, autoriſa contr'elle une accuſation de magie, de ſortilège, de ſoulevement d'eſclaves, & la fit condamner à mort.

L'imputation abſurde de magie ſervit encore pour délivrer Agrippine de Statilius

Taurus, ancien Proconsul d'Afrique, dont elle enviait les jardins magnifiques. Taurus, qui avait le courage de Caton dans un siècle moins heureux, n'attendit pas le jugement de son procès, & termina ses jours par le suicide.

Plus Agrippine abusait de son pouvoir, & plus l'adulation cherchait à affermir ce pouvoir sur sa base. Le Sénat lui accorda le privilège d'entrer au Capitole sur un char pareil à ceux où les Pontifes plaçaient leurs idoles, & cette distinction ne contribua pas peu à augmenter la vénération publique pour cette Princesse, qui, par un concours d'évènemens uniques dans l'histoire des Césars, se trouva fille d'un Prince héritier présomptif de l'Empire, sœur, femme & mère d'Empereurs.

Claude, obsédé par Pallas, ne voyait pas que plus il approchait Agrippine du Trône des Césars, plus il donnait à cette femme impérieuse de forces pour l'en chasser lui-même; il eut la stupidité, ignorant qu'il élévait un mur de divisions entre Néron & son fils Britannicus, non-seulement de faire épouser au premier Octavie, mais encore de l'adopter. Cet évènement, qui a pour date le commencement du huitième siècle de l'ère du Capitole, fit de Claude le premier esclave d'Agrippine. Néron avait alors treize ans : on lui fit prendre la robe virile ; on le déclara Prince de la jeunesse, & on statua qu'il jouirait du rang de Consul désigné. Cette adoption, conclue sous les auspices les plus sinistres, est le germe des plus grands désastres que Rome ait soufferts, ainsi que de la mort funeste de Britannicus.

RÉVOLTE ET MORT TRAGIQUE DE SCRIBONIEN. HISTOIRE MÉMORABLE D'ARRIE, FEMME DE PÉTUS.

CEPENDANT les attentats contre l'ordre public des Messaline, des Agrippine & des Narcisse, jettaient de l'odieux sur la personne de Claude, qui ne savait ou n'osait les réprimer : on s'en prenait à lui des maux physiques que Rome essuyait, des disettes & des épidémies. Après une stérilité de plusieurs années, les magasins publics se trouvant vuides, le peuple, qui apperçut le Prince dans la place publique, le chargea d'injures, & lui jetta même des morceaux de pain, ce qui le contraignit à se sauver en désordre dans son palais par une porte de derrière ; ajoutons qu'au lieu de remédier au mal par une sage législation, ce Despote stupide s'amusait à charger le Code Romain des plus futiles ordonnances. Suétone dit qu'il en publia vingt en un ſeul jour, dont les plus importantes étaient qu'il fallait bien enduire de poix les tonneaux des vendanges, & qu'on ne pouvait trop eſtimer le ſuc qu'on tire de l'if, en qualité de remède excellent contre le ſuc des vipères.

Il était difficile que dans un Gouvernement mal affermi, où une partie de la nation avait ſans ceſſe à la bouche les grands noms des Brutus & des Cherea, un Deſpote avili & odieux n'eût pas à redouter de temps en temps, ou les manifeſtes des rebelles, ou le poignard des aſſaſſins. A l'époque de la diſette qui ſe fit ſentir dans l'Italie, on trouva vers le minuit, auprès de l'appartement où Claude couchait, un inconnu armé d'un poignard : on ſe ſaiſit auſſi dans la place publique de deux Chevaliers Romains qui ſe propoſaient d'attaquer ce Prince avec un couteau de chaſſe, ou un inſtrument plus perfide encore *(a)*, l'un lorſqu'il ſortirait du théâtre, & l'autre quand il irait ſacrifier dans le temple de Mars. Toutes ces conſpirations achevèrent de porter à ſon dernier période la timidité puſillanime de ce Prince; dès-lors, quoiqu'il affectât des manières populaires, il n'oſa aſſiſter à aucun repas public ſans être environné de gardes armés de lances; s'il allait viſiter quelque malade, il faiſait ſonder ſes matelats & ſecouer ſes couvertures; toute perſonne qui venait lui faire ſa cour était fouillée par ſes ſatellites, & ſouvent avec rudeſſe. Ce ne fut qu'après les plus vives remontrances qu'on obtint de lui que les femmes & les enfans des deux ſexes feraient diſpenſés de cette

(*a*) Cet inſtrument que Suétone appelle *Dolon*, eſt une longue canne qui renferme un fer qu'on lance par le moyen d'un reſſort. Il paraît que le mot *dolus* a fait naître celui de *dolon* : les inſtrumens perfides doivent être défendus dans les Gouvernemens où l'on compte pour quelque choſe la vie des Citoyens.

formalité odieuſe : c'eſt ainſi que Claude, ſans être organiſé comme les tyrans, vivait dans les tranſes inſéparables de la tyrannie ; ce Sultan, ſans caractère, n'oſait pas dire comme le grand Céſar : *j'aime mieux mourir une fois, que de craindre ſans ceſſe la mort.*

Tout l'appareil formidable dont s'entoure le deſpotiſme, n'étouffe pas les conſpirations dans leur germe ; il y en eut une d'Aſinius Gallus, petit-fils d'Agrippa, & par conſéquent de la maiſon des Céſars, bien faite pour allarmer Claude, ſi ce factieux avait eu quelque génie ; mais perſuadé que tout était dû aux grands noms de ſa race, il eut la ſtupide témérité, ſans avoir ni argent ni ſoldats, d'affecter des prétentions à l'Empire : ſa démence le ſauva ; le conſeil du Prince ſentit qu'un complot concerté avec tant de mal-adreſſe ne pouvait être que l'effet d'une tête mal organiſée, & on ſe contenta de l'exiler : le Gouvernement le mépriſa trop pour le punir du dernier ſupplice.

La conjuration la plus dangereuſe contre Claude fut celle de Scribonien, un des deſcendans du grand Camille, le vainqueur de Brennus & le ſauveur du Capitole. Ce Conſulaire commandait pluſieurs légions en Dalmatie; il ſe ligua avec Vinicien, un des aſſaſſins de Caligula, fit valoir dans ſes manifeſtes les noms auguſtes de Sénat & de Peuple Romain, promit aux ſoldats de rétablir l'ancienne forme de Gouvernement, & finit par ſe faire proclamer Empereur. Une foule de mécontens vinrent de Rome & de toutes les parties de l'Empire ſe ranger ſous ſes drapeaux, & ces troubles amenèrent une guerre civile.

La renommée avait annoncé Claude comme le plus puſillanime des Deſpotes : Scribonien, perſuadé qu'il était aiſé de l'épouvanter ſans avoir les armes à la main, lui écrivit une lettre pleine de fiel & de menaces, où il lui ordonnait de ſe dépouiller de la pourpre des Céſars. Le ſtupide Empereur aſſembla à l'inſtant les

Grands de Rome, & les consulta pour savoir s'il obéirait au rebelle. Dans un Gouvernement où il y aurait eu quelqu'énergie, cet acte de faiblesse aurait suffi pour perdre le Souverain : l'abandon des peuples, proposé par le chef de l'Etat, était un délit qu'on ne pouvait punir qu'en déclarant le trône vacant ; mais il n'y avait de nerf ni dans la tête de Claude, ni dans les délibérations de sa noblesse : on ferma les yeux au Prince sur la grandeur du danger qui le menaçait, & la Nation attendit sans inquiétude quel nom elle verrait à la tête des édits de celui de Claude ou de celui de Scribonien.

L'étoile du premier le servit mieux que son génie ; les légions de Scribonien prenaient la route de Rome, lorsqu'un présage sinistre vint allarmer leur superstition & glacer leur courage : au moment où la trompette leur donnait le signal du départ, les drapeaux trop enfoncés, sans doute, dans une terre aride & peu végétale, ne purent être arrachés qu'avec peine : il n'en fallut pas davantage pour persuader aux soldats que le ciel allait punir leur rébellion ; ils s'ameutent, entourent les tentes des tribuns qui les avaient pervertis, & les égorgent. Scribonien, instruit du désastre qui l'attendait, s'enfuit avec précipitation dans une petite île d'Issa, & bientôt après, il est tué dans les bras de sa femme par un simple soldat, que ce crime éleva au grade de Centurion.

La mort de Scribonien fut le signal des froides barbaries exercées dans Rome par ceux qui gouvernaient le faible Empereur : un Prêteur, actuellement en charge, fut mis à mort ; Vinicien se tua lui-même, & on envoya au supplice, après leur avoir fait subir différentes tortures, un grand nombre de Sénateurs & de Chevaliers Romains : les cadavres de tous ces infortunés furent traînés avec un croc aux Gémonies, & privés des honneurs de la sépulture.

On s'attendait à voir Junia, l'épouſe de Scribonien, & Camille ſon fils, laiſſer leurs têtes ſur un échafaud; mais la première acheta ſa grace, en dénonçant avec lâcheté les complices de ſon mari, & on ſe contenta de l'envoyer en exil. Pour Camille, qui n'avait eu aucune part à la révolte, on ſe contenta de le garder à vue; & quelques années après, on l'enveloppa dans la proſcription de ſa famille, ſous prétexte qu'il avait conſulté les aſtrologues ſur la mort de Claude : il périt miſérablement dans ſon exil, & on crut que le poiſon avait avancé ſa carrière.

De toutes les victimes que prit le deſpotiſme à l'occaſion de la révolte de Scribonien, celle qui excita le plus grand attendriſſement de la part des ames vraiment Romaines, eſt Arrie, femme de Cécina Pétus, perſonnage Conſulaire. Ce conjuré avait été arrêté en Dalmatie, & on l'embarquait ſur un navire pour le conduire à Rome; elle demanda en grace à l'Officier chargé de la garde du prisonnier, de l'admettre elle-même dans le vaisseau : *Tu accorderas ſans doute à un Conſulaire*, dit-elle, *un eſclave pour le ſervir à table, un autre pour le chauſſer, & un troiſième pour l'habiller : eh bien, moi ſeule, je remplirai le miniſtère de ces trois eſclaves.* Le ſatellite du Deſpote reſta inflexible, mais la tendreſſe conjugale y ſuppléa ; Arrie loua une barque de pêcheur, & accompagna le grand bâtiment où était Pétus, bravant avec ſa frèle nacelle les écueils, les vents & les orages.

Le couple infortuné étant arrivé à Rome, fut conduit au Tribunal de l'Empereur ; là l'héroïne voyant la veuve de Scribonien achetant une vie dévouée à l'opprobre par la dénonciation des complices de ſon époux, *mérites-tu qu'on t'écoute*, dit-elle, *toi dans les bras de qui Camille a été égorgé, & qui reſpires encore !*

Après un tel mot, il était évident

qu'Arrie n'attendrait pas l'ordre d'un tyran pour cesser d'être; cependant l'illustre Thraséa, son gendre, déploya l'éloquence la plus pathétique pour la détourner du suicide; comme elle écoutait ce qu'elle appellait ses sophismes avec toute l'insensibilité du stoïcisme, les inquiétudes de sa famille redoublant, on se mit à la surveiller avec le plus grand soin. Arrie s'en apperçut : *vains projets*, dit-elle, *on peut faire que je meure misérablement; mais m'empêcher de mourir n'est pas au pouvoir des hommes.* A ces mots, elle s'élance de dessus son siège, & se frappant rudement la tête contre la muraille, elle tombe évanouie.

Enfin le moment vint de prouver à Rome dégradée, que la race de ses Caton n'était pas tout-à-fait anéantie : Arrie, qui doutait de la clémence de Claude, ou plutôt qui la dédaignait, va trouver Pétus, l'exhorte à se rendre libre, & se frappe devant lui d'un coup de poignard; ensuite retirant le fer sanglant de sa bleſſure, elle le préſente à ſon époux en lui diſant ces mots mémorables : *prens, mon ami, cela ne fait point de mal.* Les amis de ce couple de héros renfermèrent leur cendre dans le même monument.

EMPOISONNEMENT DE CLAUDE.

ENFIN Agrippine vint venger la cendre d'Arrie & de Pétus; mais ce fut par un attentat plus grand que tous ceux qu'elle avait à punir : il ne faut pas oublier que nous écrivons l'hiſtoire des Tigres. On ne doit pas s'amuſer à chercher des loix ſociales dans un repaire ſanglant où les bêtes féroces ſe déchirent pour ſavoir à qui dévorera tranquillement ſa proie.

Le crédule Suétone fait préſager la mort tragique de Claude par une comète chevelue qui brilla long-temps ſur l'horiſon (*a*); mais le vrai préſage, aux yeux

(*a*) La Phyſique donne le non de *chevelue* à une comète, quand les rayons de lumière font une roſe autour d'elle. Ce corps céleſte a de la *barbe* quand les rayons précèdent ſa tête, & il a une *queue* quand la traînée de lumière eſt

du Philoſophe, eſt l'ambition d'Agrippine, qui aimait mieux régner ſur le monde avec un fils qu'avec un époux.

Agrippine commença par éloigner Narciſſe, qui la ſurveillait. Après une lutte inégale, l'affranchi, obligé de céder à ſa Souveraine, ſe retira de la Cour; il prit pour prétexte la néceſſité où le mettait ſa goutte de prendre des bains d'eaux minérales en Campanie: ſa retraite livra Claude aux fureurs d'Agrippine.

Depuis quelque temps la tendreſſe de Claude commençait à ſe réveiller pour Britannicus. Un jour que ce Prince in-

---

toujours oppoſée au ſoleil. Newton, qui a tant voyagé dans le ciel, prouve que ces barbes, ces queues & ces chevelures, ſont des vapeurs ſubtiles qui s'exhalent du noyau de la comète lorſque ſa chaleur eſt la plus grande, c'eſt-à-dire, quand elle eſt dans ſon périgée.

Le fameux Philoſophe Jacques Bernouilli a dit, que ſi le corps d'une comète n'eſt pas un ſigne viſible de la colère de Dieu, ſa queue peut fort bien en être un; quand on pardonne à Bernouilli, on peut pardonner à Suétone.

fortuné s'était présenté à lui, il le serra étroitement dans ses bras, & lui dit que quand il serait en âge, il lui rendrait compte de tout ce qu'il avait fait, ajoutant un demi vers grec, dont le sens était : *Le voilà, l'ouvrage de l'amour !* Le vieux Despote n'attendit même pas que son fils eût l'âge requis par les loix, pour lui faire prendre la robe virile : *Je veux*, dit-il, *que Rome apprenne de bonne heure qu'elle a un véritable César.*

Agrippine fut instruite des remords de Claude, d'avoir adopté Néron au préjudice de son propre fils ; & redoutant pour elle-même le sort de Messaline, elle résolut de prévenir le supplice qu'elle méritait par l'empoisonnement de son époux. Comme il y avait un égal danger à présenter un poison trop actif qui pourrait la décéler, & un poison trop lent qui pourrait donner le temps au Prince de placer Britannicus sur le trône des Césars, elle demanda à la trop fameuse Locuste un breuvage fait pour procurer une mort lente, en aliénant la raiſon. L'idée abominable d'Agrippine fut remplie ; l'eunuque chargé de faire l'eſſai des alimens ſervis ſur la table de ſon Souverain, mêla le poiſon préparé par Locuſte avec des champignons dont Claude était très-friand. Le vieux Deſpote mangea avec avidité de ce plat fatal, & avant la fin du repas, il fallut l'emporter dans ſon lit; pendant qu'il luttait contre les approches d'une agonie douloureuſe, il lui vint une criſe naturelle qui parut le ſoulager. Agrippine effrayée, corrompt à prix d'or le Médecin Xénophon, qui ſous prétexte d'aider ſon malade à vomir, lui enfonce dans la gorge une plume trempée dans le poiſon le plus ſubtil. Claude expira un moment après ; il était dans la ſoixante-quatrième année de ſon âge, & dans la quatorzième de ſon règne. La date de ſon empoiſonnement eſt le Conſulat de Marcellus & d'Aviola, l'an 806 de l'ère du Capitole.

Rome eut la stupide démence de faire l'apothéose de l'esclave couronné des Pallas, des Narcisse & des Agrippine; aussi Néron, que l'attentat de sa mère avait mis sur le Trône, faisant une allusion aussi ingénieuse que cruelle à l'apothéose d'un Prince imbécille que sa femme venait d'empoisonner, appellait le champignon le mets des Dieux. Tout le monde sait que Sénèque a parodié cette apothéose en une *apocolocynthose*, c'est-à-dire, qu'il a supposé dans une satyre pleine de sel, que le Prince, qu'on voulait changer en Dieu, avoit été métamorphosé en citrouille.

NÉRON (*a*).

DÉJA Claude n'était plus, & les Consuls, le Collège Sacerdotal & le Sénat entier fatiguaient encore le ciel, pour la convalescence d'un Prince dont chacun intérieurement desirait la mort. Agrippine, qui s'était rendue maîtresse de toutes les avenues du Palais, pour tenir les esprits en suspens, & prendre les mesures nécessaires pour la proclamation de Néron son fils, faisait répandre le

(*a*) *Tacit.* annal. lib. 12, 13, 14, 15 & 16, & in vit. Agricol.

Sueton. in Claud. Neron. & Galb.

Dio. Caff. lib. 60 in excerpt. Valef. & son abrégé par le Moine Xiphilin.

Plutarch. in Galb.

Senec. in vit. beat. Clement. in epistol. Passim, & dans la vie de ce Philosophe par Diderot.

Plin. Histor. natural. lib. 39.

Frontin. Stratagem. lib. 2.

bruit que la ſanté de Claude donnait les plus grandes eſpérances, & accumulait dans l'appartement du Prince tous les remèdes néceſſaires pour ſa guériſon ; on y introduiſit juſqu'à une troupe de comédiens, comme s'il avait demandé de charmer ſes douleurs par quelque ſpectacle ; enfin, quand l'ambitieuſe veuve de Claude ſe fut bien aſſurée qu'il n'y avait point de mouvement en faveur de Britannicus, les portes du palais s'ouvrirent, & Néron ſortit avec Burhus pour ſe faire reconnaître des Prétoriens; de-là le jeune Souverain ſe rendit au Sénat, qui, à l'exception du titre de père de la patrie que ſon âge excluait, lui déféra tous les titres de la ſuprême puiſſance : l'Empire entier ſuivit bientôt l'exemple de la Capitale.

Néron était de la maiſon Domitia, de cette branche des Ænobarbus qu'on voit dans les beaux temps de la République honorée de ſept Conſulats, de deux triomphes & de deux Cenſures.

Suétone dit que ce nom d'Ænobarbus convenait parfaitement à cette famille, dont presque tous les individus avaient la barbe de couleur d'airain & qui en tiraient vanité. N'est-il pas singulier que chez un peuple qui voyait sans cesse dans les chefs-d'œuvre de la sculpture grecque le type de la beauté, on ait fait d'un défaut physique un sujet de distinction pour une famille ? Il est probable, au reste, que le conte de l'Historien des Césars ne prit naissance que dans le temps du règne de Néron. Les courtisans disent en tout pays qu'un Souverain est sans défaut ; & s'il en tient de la nature, ils ajoutent que ces défauts sont encore une preuve de sa supériorité sur les autres hommes (*a*).

(*a*) Pope, qui a long-temps régné en Angleterre (car les grands Poëtes sont aussi des espèces de Souverains) Pope, dis-je, s'est trouvé dans le cas de Néron, & il a eu le courage de s'en plaindre. Voici ce qu'il en dit dans une char-

Le vrai nom, dont le ſucceſſeur de Claude pût tirer vanité, eſt celui de Néron, qui, dans la langue des Sabins, ſignifie un homme fait & plein de bravoure.

Néron naquit à Antium neuf mois après la mort de Tibère. Comme Domitius ſon père était un ſcélérat flétri par ſes aſſaſſinats, ſes adultères & ſes

---

mante épître au Docteur Arbuthnot : « Il en » eſt qui, pour me faire leur cour, me diſent, vous » touſſez comme Horace; quoique vous n'ayez » pas ſon embonpoint, vous êtes auſſi petit que » lui : le fameux fils de Jupiter Ammon, avait » comme vous, une épaule plus haute que » l'autre. Votre nez eſt parfaitement celui » d'Ovide, & vous avez un œil.... Courage, amis » obligeans, faites-moi voir que tous les défauts » des grands hommes ſe trouvent réunis en moi; » quand vous me verrez alité & malade, con» ſolez-moi en me diſant : c'était ainſi que » l'immortel Virgile tenait ſa tête; & quand » je ſerai ſur le point de mourir, ne manquez » pas de m'apprendre que le grand Homère eſt » mort il y a trente ſiècles ».

inceſtes, les amis de cet indigne Citoyen étant venus le féliciter ſur cet évènement, il eut la franchiſe de leur répondre qu'il ne pouvait naître de lui & d'Agrippine qu'un enfant odieux, & qui deviendrait le fléau de la République.

Les malheurs aſſiégèrent l'enfance de Néron; ce qui, dans les principes de la Philoſophie ordinaire, aurait dû le rendre ſenſible & humain. Orphelin de père dès l'âge de trois ans, il vit le féroce Caligula s'emparer de ſon patrimoine, ſa mère exilée, & lui-même réduit à l'extrême indigence, n'avoir d'autres inſtituteurs qu'un danſeur & un barbier. L'avènement de Claude fut le terme de ſes déſaſtres : on lui rendit ſon patrimoine; il vit ſa mère acquérir la plus grande faveur à la Cour, & la tendreſſe que l'Empereur lui témoignait cauſa tant d'ombrage à Meſſaline, que cette Princeſſe, dit-on, envoya des ſatellites pour l'étrangler pendant qu'il faiſait ſa méridienne. Un pareil ordre eſt aſſez dans le caractère de Messaline; mais ce qu'ajoute l'Historien des Césars ôte à ce conte toute sa vraisemblance; il dit que le bruit courut qu'un dragon s'élança de l'oreiller du jeune Prince, épouvanta les assassins, & les obligea de se retirer. Si Messaline avait voulu perdre Néron, cette femme qui avait secoué tout préjugé, n'aurait pas cru à l'apparition d'un dragon, & elle aurait fait assassiner, sous les yeux mêmes de Claude, le rival dangereux de Britannicus.

HEUREUX COMMENCEMENS DU RÈGNE DE NÉRON.

TRAJAN disait (& Trajan était un grand homme) que peu de Princes pouvaient se flatter d'égaler les cinq premières années du règne de Néron ; cependant c'est dans cet intervalle qu'il fit égorger sa mère Agrippine, & qu'il empoisonna son frère Britannicus : le problème s'explique en distinguant la vie publique de la vie privée du tyran ; il est certain que jamais Rome ne fut mieux administrée que lorsque Sénèque tint les rênes de l'Empire pour son pupille : le jeune tigre commençait à s'abreuver de sang dans son repaire, mais le Philosophe régnait ; le palais était en deuil, mais l'Etat était debout, & le nom Romain reprenait, aux yeux des Nations, sa gloire obscurcie pendant trois règnes féconds en désastres & en traits de lâcheté.

Les cinq ans de proſpérité dont Rome jouit à l'avènement de Néron, ne doivent donc être regardés que comme une eſpèce de minorité : la régence de l'Empire était alors confiée aux deux hommes les plus vertueux de leur ſiècle, à Senèque & à Burhus : c'eſt proprement leur règne que nous allons décrire ; on obſervera ſeulement qu'ils n'aiguisèrent point le poignard qui frappa Agrippine, & qu'ils ne préparèrent point le breuvage qui fit périr Britannicus.

Néron, au ſortir du Sénat, où on venait de lui déférer la toute-puiſſance, étant retourné au camp des Prétoriens ; Burhus vint lui demander le mot du guet, & il lui donna celui-ci : *à la meilleure des mères.* Dès-lors il ſe plut à parcourir les rues de Rome avec elle dans la même litière, recueillant les acclamations d'un peuple immenſe qui lui ſouhaitait le bonheur d'Auguſte : c'était le ſeul vœu que ce peuple eſclave pût former ; il ne pouvait preſſentir qu'un jour une génération plus ſage ſouhaiterait à ſes Souverains la vertu de Trajan & la philoſophie de Marc-Aurele.

Sénèque compoſa pour Néron l'oraiſon funèbre de Claude ſon prédéceſſeur ; malgré l'art qui régnait dans ce morceau d'éloquence, l'idée de louer l'intelligence d'un Souverain devant un Corps de Magiſtrature, qui rougit cent fois de ſa ſtupide indolence, de vanter ſa bravoure devant des ſoldats témoins de ſa lâcheté, parut un aſerviſſement trop ridicule à la tyrannie de l'uſage, & l'Orateur, tout deſpote qu'il était, fut ſifflé : quand l'Egyptien expoſait ſur la terre le cadavre nud de ſon Prince décédé pour faire le procès à ſa mémoire, il donnait un bien plus bel exemple à la terre, que tous ces prétendus patriotes qui fatiguent du même encens la cendre du père des peuples & celle de leur tyran, la cendre d'un Monarque plein de génie & celle d'un Roi automate.

Néron & le Philoſophe ſon interprête

furent plus heureux dans le discours prononcé au Sénat sur le nouveau plan d'administration qu'on allait adopter ; le jeune Souverain déclara qu'il n'apportait au Gouvernement du monde, ni ressentiment personnel contre aucun Citoyen, ni injures publiques à venger : il promit solemnellement de ne point faire ressortir à son Tribunal les causes qui intéressaient l'honneur ou la vie de la noblesse, de laisser jouir le Sénat de ses anciens privilèges, de ne point confondre l'Etat avec sa Maison, & de refuser à l'argent ou à la faveur les grandes places, qui devaient être le prix de la vertu. On entendit avec transport un langage si nouveau dans la bouche du successeur des Tibère & des Caligula ; &, pour lier l'Orateur par ses propres engagemens, on statua que son discours serait gravé sur des plaques d'argent, & relu chaque année à l'ouverture de l'année civile.

Les effets parurent suivre les promesses.

Néron, toujours sous la lisière de Sénèque, refusa des statues d'or & d'argent massif qu'on offrait de lui ériger; il ne voulut pas qu'on exécutât le Sénatusconsulte, qui intervertissait l'ordre du calendrier, afin de faire tomber le commencement de l'année au mois de Décembre où il était né, & quant le Sénat vint le féliciter sur son heureuse administration : *j'y compte*, répondit-il, *quand je le mériterai.*

Il faut rapporter à cet avènement de Néron la diminution, ou même la suppression entière de plusieurs impôts onéreux; quelques pensions faites avec discernement à des Sénateurs qui ne pouvaient soutenir décemment leur rang & leur naissance, & des largesses sans profusion faites au peuple; ce qui rendit le nouveau Souverain l'idole des Grands & de la multitude.

La clémence semblait être sur-tout la vertu favorite de l'éleve de Sénèque : il fit rayer du tableau des accusés un Chevalier Romain à qui on faisait un crime de son enthousiasme pour Britannicus ; il rappella des exilés injustement proscrits sous les deux derniers règnes ; & un jour que Burhus lui présentait, suivant l'usage, un arrêt de mort à signer : *je voudrais*, dit-il, *ne pas savoir écrire*, parole à jamais mémorable, dit le Philosophe qui avait en ce moment donné son ame à Néron! parole faite pour être répétée dans l'assemblée générale du genre humain, & de servir de formule au serment des Rois! parole enfin digne de l'innocence primitive des mortels ! & capable de faire renaître l'âge d'or.

Sénèque cherchait à enchaîner son élève à la clémence, parce qu'il avait démêlé de bonne heure dans cette ame perverse un germe de cruauté prêt à éclorre, & dont il était important de retarder le développement ; ce Grand homme disait en confidence à ses amis, que *le lion reviendrait promptement à sa férocité naturelle, s'il lui arrivait une fois de tremper sa langue dans le sang* (*a*). Cependant son pronostic fut heureusement trompé; car le lion continua encore quelques années à avoir le masque de la clémence, quoiqu'il eût ensanglanté sa bouche par le meurtre d'Agrippine & de Britannicus.

Sénèque semblait avoir inspiré à son pupille une telle horreur pour le sang, qu'il fut respecté même dans des jeux consacrés à la férocité. Suétone assure, que malgré la variété des spectacles donnés par Néron à son avènement, il n'en coûta la vie ni à aucun gladiateur, ni à aucun des criminels qui combattirent contre les bêtes féroces : c'est un trait unique dans l'histoire de Rome depuis Romulus jusqu'à Trajan.

(*a*) *Inter familiares solitus dicere : non fore sævo illi leoni, quin gustato semel hominis cruore, ingenita redeat sævitia.* Cette anecdote est tirée d'un ancien scholiaste de Juvenal, *satyr.* 5, vers. 109.

L'administration

L'administration intérieure se ressentit de l'influence de Sénèque & de son ami Burhus dans le Gouvernement. On rétablit les Colonies de Capoue & de Nocère; on encouragea la population dans Rome & dans le reste de l'Empire; on ne confia plus les grands Gouvernemens qu'à des Consulaires d'une probité reconnue, & on défendit aux Intendans des Césars de donner aucun spectacle dans les provinces, de peur qu'ils ne s'en servissent pour désarmer la vengeance des peuples opprimés, & obtenir par-là l'impunité de leurs brigandages.

Le peuple de Rome ayant porté au Tribunal de Néron des plaintes sur la tyrannie des traitans, ce Prince eut, dit-on, la pensée de faire au genre humain la remise universelle de toute espèce d'impositions, idée plus brillante que solide, & que Platon lui-même n'aurait osé admettre dans le Roman ingénieux de sa République; sur les sages représentations de son ministère, il se contenta de réprimer l'avidité cruelle des financiers, & de faire craindre à ces sangsues publiques la perte de leur fortune, puisque leurs fronts d'airain étaient endurcis contre la perte de leur renommée.

On retrouve encore Sénèque dans les institutions de police qui émanèrent du Conseil de Néron à l'époque de son avènement; dans la Loi Somptuaire qui réduisit la dépense des festins publics au don des corbeilles de fruit; dans le bannissement de quelques bandes de pantomimes qui insultaient les mœurs publiques, & dans l'ordre de construire devant tous les édifices des galeries à réservoir pour arrêter les progrès des incendies.

Parmi les beaux traits de la première administration de Néron, il faut mettre l'exil de Suilius; ce fameux délateur, qui avait tant fait servir son éloquence vénale à la perte de ses concitoyens, n'était pas sous ce règne philosophique aussi humilié que les gens de bien le desiraient, d'autant plus que ce superbe ennemi des républicains s'appuyant sur son opulence, sur sa vieillesse, & sur la terreur qu'il avait inspirée, aimait mieux paraître criminel que suppliant. La violence de ses déclamations contre Sénèque acheva de le perdre ; il fut accusé d'avoir été la cause de la mort de Valerius Asiaticus, & de plusieurs autres illustres personnages, & sur la faiblesse de ses défenses, on l'exila dans les îles Baléares.

Narcisse, un des tyrans subalternes du dernier règne, était encore une victime que Rome & le monde réclamaient; malheureusement ce scélérat fut moins sacrifié à la vengeance publique, qu'à la jalousie d'Agrippine. Néron, qui sentait qu'il aurait besoin un jour de ses crimes, tenta de le sauver ; mais la furie qui le poursuivait l'emporta : Narcisse fut réduit à se donner la mort. Avant de périr, il eut le courage de brûler tous les mémoires du ministère de Claude, dont il était dépositaire, & dont Agrippine aurait pu abuser pour satisfaire ses odieuses vengeances.

SUPPLICE DE QUATRE CENTS ESCLAVES.

LE Philoſophe regrette que dans ces cinq premières années du règne de Néron, que Trajan propoſait pour modèle aux Souverains, il ſe rencontre un délit contre l'ordre ſocial, que l'atrocité des maximes républicaines put excuſer dans l'âge des Cincinnatus & des Paul-Emile, mais qui n'était plus qu'une froide & inutile barbarie à l'époque où Rome, ſoumiſe au pouvoir abſolu des Céſars, n'offrait plus qu'un ſeul maître & cent millions d'eſclaves.

Pedanius Secundus était Gouverneur de Rome, quand une injuſtice criante qu'il fit à un de ſes eſclaves, ou ſuivant une autre tradition, une rivalité infâme, engagea celui-ci à l'aſſaſſiner.

Suivant une ancienne Loi qui remontait juſqu'aux premiers temps de la République, & qui prouve bien la férocité de ces vainqueurs du monde, qui ne respectaient jamais d'autre sang que le leur, tous les esclaves qui se trouvaient dans la maison où leur maître avait été tué, devaient, sans distinction de coupables ou d'innocens, être envoyés au supplice; & cette Loi si absurde dans une Monarchie absolue où l'asservissement rendait tous les Citoyens égaux, avait été confirmée par un Sénatusconsulte donné sous le second Consulat de Néron.

L'assassinat de Secundus mit en évidence l'atrocité de cette loi de sang; car il n'y avait qu'un coupable, & quatre cents hommes furent destinés au supplice. Le peuple, qui se connaît en infractions de la Nature autant que les Législateurs, apprenant le jugement de ces infortunés, s'attendrit sur leur sort, & s'attroupa autour de la prison pour les protéger. Le Sénat lui-même penchait vers la clémence, lorsque le Jurisconsulte Cassius, le Dracon des Romains, qui n'écrivait ses décisions qu'avec du sang, ramena, par une harangue insidieuse, sa compagnie au parti de la férocité.

« Quoi! dit-il, vous oubliez qu'il » s'agit ici d'un Consulaire tué dans sa » maison par un complot d'esclaves (*a*), » & vous consentiriez qu'un pareil at- » tentat restât impuni (*b*)! Aucun de ces » quatre cents misérables n'a défendu son » maître, aucun ne lui a donné avis de » la trame qui menaçait ses jours (*c*), » & cependant personne n'ignorait qu'une » loi toujours subsistante, punissait un » silence aussi coupable de la mort; qu'on » donne atteinte à cette loi, & il ne » reste plus de garant de la fidélité des » esclaves; se rassurera-t-on sur son

(*a*) L'histoire ne dit point qu'il y ait eu de complot: un seul homme a subi un outrage, & a répondu à son tyran par un coup de poignard.

(*b*) Il ne s'agit point de laisser cet assassinat impuni; mais la mort de l'offensé est une satisfaction qui suffit à la cendre de l'offenseur, dût cet offenseur être assis sur le Trône des Césars.

(*c*) On ne pouvait donner avis d'une trame qui n'existait pas.

» rang ? Le poste de Gouverneur de Rome » n'a pu sauver Secundus ; comptera-t-on » sur le nombre de ses esclaves ? L'infor» tuné en avait quatre cents autour de » lui, & il a été assassiné.....

» Nos ancêtres se défiaient des escla» ves *(a)*, lors même qu'ils n'en avaient » pas d'autres que ceux qu'ils voyaient » naître dans leurs foyers domestiques, » & qui suçaient avec le lait un dévoue» ment idolâtre pour leurs maîtres *(b)*; » mais depuis que la conquête du monde » a rassemblé toutes les nations sous notre » joug *(c)*, depuis que nous avons des » légions d'esclaves dont les mœurs n'ont » aucun rapport, qui suivent des religions » étrangères, ou qui les ont secoué toutes,

---

(*a*) Ils connaissaient ce dont ils étaient capables parce qu'eux-mêmes descendaient des brigands & des esclaves civilisés par Romulus.

(*b*) Si ces Romains avaient été de vrais pères, ils ne se seraient jamais défiés de leurs enfans.

(*c*) Et par quel affreux droit des gens un ennemi vaincu sur un champ de bataille, reste-t-il après la paix esclave de ses vainqueurs ?

» cet amas confus & irrégulier d'êtres » sans principes ne peut être contenu que » par la terreur (*a*).

» Des innocens périront sans doute, & » j'en conviens (*b*) ; mais quand on dé- » cime une armée qui a pris la fuite, » l'homme brave ne tire-t-il pas au sort » avec les lâches (*c*) ? Toute peine des- » tinée à servir d'un grand exemple, ren- » ferme en soi quelque chose d'injuste ; » mais l'intérêt permanent de la société » entière compense assez le mal fugitif » que souffrent les individus (*d*) ».

(*a*) Oui, par la terreur qu'inspire l'appareil des peines qui sont en juste proportion avec les délits, & non en révoltant les esprits par des supplices injustes qui équivalent à des assassinats.

(*b*) Toute législation qui condamne un innocent à périr doit être renversée.

(*c*) Il ne faut jamais mettre en parallèle avec le Code pénal le Code militaire, qui, par son essence, est presque toujours le renversement des loix de la nature.

(*d*) C'est une contradiction dans les termes qu'il résulte un bien réel pour la société du malheur des individus.

Perſonne ne ſongea dans le Sénat à réfuter le diſcours de Caſſius : l'Orateur n'avait point frondé l'eſprit national, & de-là, on en conclut qu'il était juſte. Ainſi, malgré le nombre des priſonniers, malgré l'âge & le ſexe de quelques-uns, qui lors même qu'ils auraient été coupables auraient réclamé la pitié de leurs Juges, il fut ſtatué qu'on les enverrait tous indiſtinctement au ſupplice. Cette affreuſe ſentence s'exécuta dans toute ſa rigueur : le peuple eut beau menacer de ſe porter aux dernières violences, on le contint par une double haie de ſoldats qui ſe rangèrent tout le long de la route, depuis la priſon juſqu'au roc Tarpeyen, & les quatre cents eſclaves furent précipités.

Il eſt probable que Sénèque ne crut pas devoir réſiſter à une délibération du Sénat entier : on l'aurait taxé d'orgueil, s'il s'était cru plus éclairé que ſon ſiècle; mais il tenta de calmer les eſprits effarouchés par un jugement auſſi atroce, en faisant dresser la Loi *Petronia*, qui restraignait le despotisme des maîtres, & leur défendait d'exposer leurs esclaves aux bêtes féroces, sans y avoir été autorisés par le Magistrat. Cette Loi, qui porte le nom du Conseil subrogé à Néron, est la dernière pour laquelle on ait demandé les suffrages du peuple suivant la forme de l'ancienne République.

GUERRES ET EXPÉDITIONS ODIEUSES. COURONNEMENT DE TIRIDATE, ROI D'ARMENIE.

DEPUIS la fondation de la Monarchie des Céſars, on ne voit jamais paraître ſur la ſcène que les éternels ennemis du nom Romain : les Parthes, les Germains & les Inſulaires de la Grande-Bretagne ; toutes ces expéditions, qui ne mettent en péril que les frontières, ſans expoſer le cœur de l'Etat, ſont d'un bien faible intérêt au milieu des convulſions du trône d'Auguſte, & ne méritent que d'occuper un coin dans le tableau déchirant des révolutions de l'Empire.

Depuis long-temps les légions Romaines campées des deux côtés du Rhin tenaient en haleine les peuples inquiets de la Germanie. Vetus, un de leurs Commandans, profita de l'inaction de la paix pour projetter un canal de communication entre la Saône & la Moselle, qui aurait servi pour la jonction des deux mers. La crainte de dégarnir la province de soldats, ou peut-être de donner de l'ombrage à Néron, firent échouer cette belle entreprise, & l'Océan n'a été uni à la Méditerranée qu'à l'époque de notre canal de Languedoc.

Pendant que Vetus faisait niveller les terres pour assurer la possibilité de son canal, les Frisons vinrent fonder une Colonie dans des terres voisines du Rhin, que les légions Romaines laissaient incultes & désertes; mais à peine y avaient-ils tracé le plan d'un village, qu'ils en furent chassés : les Ansibares leur succèderent, & ne furent pas plus heureux; en vain leur Prince représenta-t-il aux Romains que si le ciel est pour les Dieux, la terre est pour les hommes, & que tout ce qui n'est pas cultivé sur le globe appartient de droit à quiconque le fertilise pour ses besoins; toutes ces maximes du droit naturel ne se conciliaient point avec le droit des gens des Conquérans du monde, & il fallut vuider le différend à la pointe de l'épée. Avant le combat, le Général Romain offrit à Boïocal, qui lui avait parlé avec tant d'audace, un terrein particulier pour le cultiver; mais le barbare fut assez généreux pour refuser un don qu'il ne partageait pas avec ses concitoyens : *la terre*, dit-il, *peut nous manquer pour vivre, mais elle ne nous manquera pas pour mourir.*

La guerre, suivant l'usage, favorisa le parti le plus injuste; les Ansibares furent presque totalement exterminés, leurs guerriers périrent sur le champ de bataille, & leurs femmes, ainsi que leurs enfans, tombèrent dans l'esclavage.

Quand la Germanie fut pacifiée, la Grande-Bretagne se révolta, & ce fut la cupidité Romaine qui fit jaillir les premières étincelles de la guerre : voici comment ces fiers Insulaires parlent à cet égard, quand ils ont Tacite pour interprête.

« A quoi nous a ſervi notre patience, » ſi ce n'eſt à enhardir nos tyrans! Autrefois nous n'avions qu'un Roi, & » nous étions libres; maintenant que » nous ſommes eſclaves, on en met deux » ſur nos têtes, le Lieutenant de Céſar & » ſon Intendant, dont l'un s'arme contre » nos biens, & l'autre contre nos vies; » la diſcorde de ces deux brigands & leur » bonne intelligence, cauſent également » nos déſaſtres; inſultés à chaque inſtant » par des hommes qui n'ont jamais vu » un champ de bataille, on nous chaſſe » de nos foyers paternels, on nous enleve » nos enfans, comme ſi tout était tolérable pour notre inſenſibilité, excepté » de mourir pour la patrie ».

Parmi les horribles vexations qui motivent les murmures des peuples de la Grande-Bretagne, il faut citer la perſécution que les Généraux Romains firent ſubir à la famille d'un Praſurag, Roi des Jéeniens, qui avait eu la lâcheté de nommer Néron ſon héritier conjointement avec ſes deux filles; la veuve de ce barbare fut chaſſée de ſon palais à coups de fouets, on viola ſes deux filles, & le reſte de ſa maiſon fut réduit en eſclavage.

Il ſe forma peu-à-peu une ligue terrible pour exterminer les tyrans de la Grande-Bretagne; & pendant que Suetonius Paulinus, qui commandait les légions Romaines, était occupé à la conquête d'une île de Mona, aujourd'hui celle d'Angleſey, les confédérés s'emparèrent de trois villes qui reconnaiſſaient la domination des Céſars, & y paſſèrent au fil de l'épée ſoixante & dix mille hommes. Suetonius vint à la tête de dix mille ſoldats d'élite venger cet horrible maſſacre; & quoique l'ennemi, s'il en faut croire l'exagérateur Dion, en comptât deux cents trente mille ſous ſes drapeaux, il remporta ſur lui la plus éclatante des victoires. Le Romain furieux ne fit quartier à perſonne; il égorgea les femmes, les enfans, & juſqu'aux bêtes de ſomme:

on croit que cette journée désastreuse coûta aux barbares quatre-vingt mille hommes : après tant de flots de sang humain, la Grande-Bretagne se trouva naturellement pacifiée.

Les Parthes, dont le fil des annales ne devrait être renoué que vers le temps des conquêtes de Trajan, prirent les armes, sous Néron, à l'occasion du royaume d'Armenie, qu'ils voulaient donner à Tiridate, frère de leur Roi. Sénèque fit envoyer en Orient, pour les contenir, Corbulon, le plus grand homme de guerre de son siècle; en effet, dès que ce Général parut, Vologèse qui occupait alors le trône des Arsacides, se renferma dans sa Capitale. Les Romains n'ayant plus d'ennemis que Tiridate, se répandent dans l'Armenie, s'emparent d'Artaxate dont ils rasent les murailles, & vont faire le siège de Tigranocerte. Cette Métropole de l'Armenie ne tarda pas à subir le joug, & ce fut un spectacle unique dans l'histoire des guerres, qui accéléra sa capitulation ; pendant que la garnison de la citadelle se réunissait pour former le plan de la résistance la plus vigoureuse, Corbulon fit lancer, avec une machine de guerre, la tête d'un Seigneur Armenien soupçonné d'avoir voulu l'assassiner, & cette tête tomba précisément au milieu de l'assemblée : le ciel alors parut à la superstition Armenienne favoriser la cause des Romains, & Tygranocerte ouvrit ses portes.

Quand l'Armenie se vit toute entière sous la domination des Conquérans du monde, il lui vint de Rome un fantôme de Roi nommé Tigrane, qui long-temps détenu sous le titre d'otage dans le palais des Césars, y avait contracté une ame servile : les Parthes profitèrent de l'inertie de ce Prince pour chercher à rétablir Tiridate. Après quelques hostilités, chaque Puissance se défiant du succès de ses armes, il y eut un traité par lequel l'Armenie fut cédée à Vologèse, à condition qu'il en demanderait à Néron l'inveſtiture : cette eſpèce de capitulation déshonorante pour les Romains, eſt poſtérieure au miniſtère de Sénèque & à la retraite de ce Philoſophe.

Une paix humiliante ne peut avoir de durée ; les Parthes & les Romains, l'année ſuivante, luttèrent de nouveau dans les champs de l'honneur : tant que ces derniers furent commandés par Pétus, ils eſſuyèrent des diſgraces ; mais ils ſortirent toujours vainqueurs quand ils combattirent ſous les drapeaux de Corbulon ; enfin la guerre ſe termina par une cérémonie ignominieuſe, à laquelle ſe décida Tiridate ; ce fut de dépoſer ſon diadême au pied de la ſtatue de Néron, & de ne le reprendre que quand l'Empereur l'aurait placé lui-même ſur ſa tête.

Le Prince Parthe vint en effet trouver Néron dans Naples ; en l'abordant il ſe mit à genoux & l'adora à la manière de l'Orient, mais jamais on ne put obtenir de lui qu'il quittât ſon cimeterre ; au contraire, pour ſe dérober à cette cérémonie humiliante, il avait pris la précaution, avant l'audience, de l'attacher à ſon fourreau avec des clous : Néron n'inſiſta pas, & parut l'eſtimer davantage.

L'inveſtiture ſe fit dans Rome avec une pompe inſultante pour Tiridate & pour tous les Princes Arſacides. Les cohortes Prétoriennes s'étant rangées en armes autour des temples qui bordent la place publique, Néron, vêtu d'une robe de triomphateur & entouré des aigles Romaines, s'aſſit ſur ſa chaiſe curule dans la tribune aux harangues : alors on lui amena le Roi d'Armenie ; celui-ci, que des promeſſes flatteuſes avaient fait conſentir à ſe donner ainſi en ſpectacle, mit un genoux en terre : « Céſar, dit-il, » un deſcendant d'Arſace ſe déclare ton » eſclave ; il vient te rendre, comme à » ſon Dieu, le même hommage qu'il » rend au ſoleil, tu lui tiens lieu de la for-

» tune & du destin : ainsi, son rang » sera celui que lui marquera ta toute-» puissance ».

On ne s'attend pas que le Prince qui cloue son cimeterre à son fourreau, pour ne pas paraître un seul instant de sa vie désarmé, prostitue sa bravoure à une pareille adulation. Au reste, il n'y a que la bassesse de ce discours qui puisse excuser l'insolence de la réponse de Néron.

« Je te félicite d'être venu jouir de » ma présence ; ce trône, que ton père » n'a pu te laisser, & que les Monar-» ques Parthes tes frères n'ont pu te » conserver, je te le donne ; tu le » tiendras de ma seule bienfaisance : » je te fais Roi d'Armenie, afin que » l'univers sache que je puis, quand » il me plaît, ôter & donner les Cou-» ronnes ».

C'est à l'occasion de cette abjection profonde, dans laquelle les Romains avaient plongé les Souverains qui avaient le malheur de les connaître, qu'un Philoſophe diſait : Si les Rois ſont des bêtes féroces qui dévorent les peuples, quelle bête eſt-ce donc que le peuple Romain, qui dévore les Rois ?

Néron, pendant les jeux qui ſuivirent la cérémonie de cette inveſtiture, déploya tous ſes vils talens; il joua des inſtrumens ſur le théâtre, & courut dans le cirque vêtu de la caſaque verte, & portant un bonnet de cocher. Tiridate le paya du mépris le plus profond; & quand il ſe rappellait que le vainqueur des Parthes & de l'Orient, qu'un Corbulon recevait à genoux les ordres ſuprêmes d'un pareil Deſpote, il ne pouvait revenir de ſa ſurpriſe ; il ne s'en cacha pas même auprès de Néron. *Céſar*, lui dit-il un jour, *tu as un bon eſclave dans la perſonne de Corbulon :* le Prince ne l'entendit pas, ou plutôt feignit de ne pas l'entendre.

Néron, après le couronnement de Tiridate, envoya une couronne de laurier au Capitole, & fit fermer le temple de Janus, comme un monument de la paix rendue à l'univers.

EMPOISONNEMENT DE BRITANNICUS.

LE fil qui attachait la vie de Néron à celle des bons Princes, est rompu, & nous n'aurons plus à raconter que les actes de la plus abominable tyrannie qu'ait jamais imaginé l'ennemi né des dieux & des hommes.

Britannicus, en qualité de fils de Claude, était l'héritier légitime du trône des Césars, & il avait fallu à Agrippine un long manège de crimes secrets & de perfidies pour venir à bout de lui substituer Néron. Déjà ce Prince, quoique caressé par le tigre naissant qui ne l'embrassait que pour avoir occasion de l'étouffer : déjà, dis-je, il commençait à se connaître ; aux dernières fêtes des Saturnales, la Cour, entr'autres amusemens, jouant au jeu de la royauté, Néron, en vertu du pouvoir souverain que le sort lui avait fait écheoir, ordonna à ſon frère de chanter un hymne quelconque, & celui-ci chanta quelques ſtrophes d'un ancien Poëme lyrique qui faiſaient alluſion au rang ſuprême dont on l'avait dépouillé. Ce trait de courage n'échappa à perſonne, & l'aſſemblée témoigna au jeune infortuné un intérêt d'autant plus vif, que la nuit & la licence des Saturnales banniſſaient toute diſſimulation. Cet évènement fit ſentir à Néron qu'il avait un rival; il le ſentit un moment, & ce rival ne fut plus.

Comme le jeune tyran avait à ſe ménager auprès de Sénèque & de Burhus, qui lui ménageaient à leur tour la bienveillance de Rome, il préféra le poiſon au poignard pour ſe défaire de Britannicus: Locuſte vivait encore; Locuſte, ſi célèbre par ſes attentats en ce genre, & ſur-tout par l'empoiſonnement de Claude. Néron ſe ſervit de ſon miniſtère; mais le breuvage ayant agi faiblement, & le Prince en ayant été quitte pour une incommodité aſſez légère, cette femme abominable fut mandée au palais; le tyran lui reprocha avec emportement qu'elle n'avait donné qu'un remède à Britannicus, &, dans ſa fureur, il la frappa de ſa main; Locuſte s'excuſa, en diſant qu'elle avait affaibli la doſe pour éviter l'éclat : *Eh penſes-tu*, répondit Néron, *que je craigne la loi contre les empoiſonnemens ?* Le monſtre s'appaiſa quand on lui promit de faire périr ſon frère d'une mort auſſi prompte que s'il était frappé du tonnerre. A l'inſtant Locuſte prépare un mélange des poiſons les plus actifs, & l'eſſai en fut fait ſur un chevreau, qui vécut encore cinq heures. Néron voulut que le breuvage fût remis ſur le feu pour en redoubler la violence, & il ne fut ſatisfait que quand l'épreuve en ayant été faite de nouveau ſur un pourceau, cet animal tomba mort à l'inſtant.

L'horrible tragédie ſe dénoua à la table même de l'Empereur : c'était l'uſage que les enfans des Césars mangeassent assis avec leurs menins à une table séparée & servie plus frugalement que celle du Prince ; Britannicus présidait donc à sa petite table, d'autant plus qu'il n'avait pas quatorze ans, & qu'il portait encore la robe de l'enfance. Son échanson, complice de l'attentat, lui servit le breuvage de Locuste ; l'activité en était si prodigieuse, qu'à peine la coupe eut-elle touché les lèvres de l'infortuné, qu'il perdit la respiration & tomba sans connoissance. Un silence de stupeur gagne les convives ; les plus indifférens changent de visage ; Néron seul, qui semblait déjà aguéri aux parricides, sans élever la voix, sans changer d'attitude, dit froidement que c'est un accès d'épilepsie, maladie à laquelle Britannicus est sujet ; en même-temps on transporte, par son ordre, le corps de la victime sur un lit de repos ; & quoique le monstre n'eût encore que dix-huit ans, il continue son repas avec une sérénité, telle qu'on l'aurait à peine attendue d'un Denys, d'un Phalaris, & de tous les vieux tyrans les plus exercés à verſer le ſang des hommes.

La même nuit vit la mort de Britannicus & ſes funérailles : on avait fait d'avance les apprêts de ſon bûcher ; Néron avait fait enduire le cadavre d'une couche de plâtre pour voiler les traces du poiſon ; mais un orage violent qui ſurvint pendant que la pompe funèbre s'approchait du champ de Mars, délaya cet enduit, & rendit ainſi inutile la précaution du monſtre qui l'avait empoiſonné. Locuſte fut récompenſée du ſuccès de ſon crime : on lui céda des fonds de terre immenſes ; & pour que l'art abominable dans lequel elle était verſée ne ſe perdît pas, on lui donna des élèves qui bientôt la ſurpaſſèrent.

Rome frémit quand elle apprit ce premier attentat de Néron ; le tyran ſongea alors à faſciner ſes yeux, en affectant une douleur auſſi profonde que ſi une cauſe naturelle avait enlevé Britannicus à ſa tendreſſe ; il fit dreſſer un édit où il déclarait que le ciel l'ayant privé d'un frère qui lui était cher, il n'avait plus d'eſpoir que dans la République, faiſant entendre habilement que les peuples de ſon Empire devaient redoubler de zèle pour un Prince reſté ſeul d'une famille deſtinée à gouverner l'Univers.

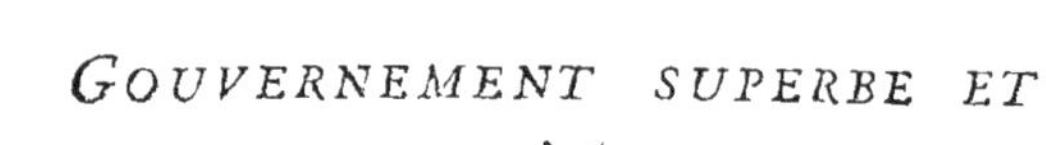

GOUVERNEMENT SUPERBE ET VIOLENT D'AGRIPPINE.

AGRIPPINE, à l'avènement de Néron, avait recueilli en paix le fruit de ses crimes; son fils, pour qui la reconnaissance n'était pas encore un fardeau, s'était empressé à la payer de ses abominables services de la manière dont elle le désirait, c'est-à-dire, en flattant son ambition. Parmi les divers honneurs qu'on accumula alors sur sa tête, le Sénat lui déféra le droit de se faire précéder de deux Licteurs, & la dignité de Prêtresse de ce stupide Claude qu'elle avait empoisonné.

La soif du pouvoir s'irritait dans Agrippine avec les moyens qu'on lui offrait pour l'étancher : cette Princesse avait d'abord ambitionné le privilège d'assister aux délibérations du Sénat; &, comme une pareille innovation ne pouvait avoir lieu ſans anéantir la forme actuelle de la conſtitution, l'adulation imagina un expédient ſingulier pour la ſatisfaire. La Compagnie s'aſſemblait dans une ſalle du Palais Impérial qui communiquait à l'appartement d'Agrippine : on abattait une portière devant la Princeſſe, & elle entendait tout ſans que les Sénateurs, qui n'étaient pas du ſecret, puſſent preſſentir ſa préſence.

Agrippine était ſur-tout jalouſe d'étaler aux yeux des étrangers ſon titre de Souveraine du monde. Un jour que Néron donnait une audience ſolemnelle à des Ambaſſadeurs d'Armenie, elle s'avance avec fierté pour monter ſur le Trône avec lui ; tout ce qu'il y avait de Romains dans l'aſſemblée ſe déconcerte, le Prince pâlit, Sénèque ſeul conſerve aſſez de préſence d'eſprit pour avertir Néron de ſe lever & d'aller au-devant de ſa mère. Cette apparence de reſpect ſauva une indécence qui aurait bleſſé tous les ordres de l'Empire ; mais Agrippine laiſſa exhaler ſon dépit de ce que Séneque, ſa créature, dans une circonſtance pareille, rendait ſon fils auſſi reſpectueux.

Avec les dehors du pouvoir, Agrippine ſongea à en avoir la réalité. Silanus, depuis long-temps, lui faiſait ombrage, parce qu'il était iſſu du ſang d'Auguſte, & qu'il avait autant de droits que le Prince régnant au Trône des Céſars: elle le redoutait d'autant plus, qu'elle avait forcé, ſous le règne précédent, le frère de cet homme illuſtre à ſe donner la mort pour ne point voir les noces d'Octavie qu'on venait de lui enlever; au reſte, ce Silanus n'avait point de fiel, jamais ſon ambition n'avait fait ombrage à ſes Souverains, & Caligula l'appellait ſa *brebis d'or*; malgré tant de titres pour déſarmer ſon ennemie, celle-ci donna ordre de l'empoiſonner, & ſes ſatellites mirent ſi peu de myſtère dans l'exécution de leur crime, que le jour même des funérailles de Silanus, Rome entière ſut qu'il avait péri victime d'Agrippine.

Néron laissa d'abord sa mère & ses deux Ministres régner en paix sur l'Etat, à condition qu'on le laisserait régner dans son palais ; comme la vertueuse Octavie son épouse ne pouvait se prêter à ses desirs effrénés & à la licence de ses orgies, il se prit d'un amour violent pour Acté, une de ses affranchies, dont Othon & Senècion, les deux Alcibiades de sa Cour, lui avaient vanté la jouissance. Agrippine tonna contre un pareil choix : *quoi !* disait - elle, *la fille d'un esclave serait la rivale d'Octavie ! Acté deviendrait la bru d'Agrippine !* Cette hauteur ne servit qu'à irriter le feu qu'on voulait éteindre. Néron commença à secouer le joug de l'obéissance filiale, qui de jour en jour lui semblait plus pesant ; il eut même un moment la pensée de répudier Octavie pour épouser Acté ; & afin de préparer les esprits à un mariage aussi indécent, il la fit passer pour issue des anciens Rois de Pergame. L'Histoire rapporte qu'il se trouva des

Consulaires assez vils pour se parjurer, en attestant par serment l'authenticité de cette absurde généalogie.

Agrippine sentit que son pouvoir lui échappait, &, pour le retenir, elle eut recours à un stratagême abominable, que l'audace avec laquelle elle s'était prostituée autrefois à Pallas rendit vraisemblable ; elle épiait le moment où son fils, échauffé par les fumées du vin, avait l'imagination embrâsée ; alors elle se présentait à lui le sein à demi nu, l'invitant à l'inceste par une attitude lascive, par des baisers déshonnêtes, & par des caresses qui préparaient le crime (a). Sénèque

---

(a) *Tradit Cluvius, ardore retinendæ Agrippinam potentiæ eò usque provectam, ut medio diei, cum id temporis Nero per vinum & epulas incalesceret, offerret se sæpiùs temulento comptam, & incesto paratam; jamque lasciva oscula & prænuntias flagitii blanditias annotantibus proximis, Senecam contra muliebres illecebras subsidium à femina petivisse.* Voy. Tacit. annal. lib. xiv.

vit que ſon élève était perdu, ſi au premier pas qu'il faiſait dans la carrière des plaiſirs il abjurait la nature; ne pouvant le ramener à Octavie, il réchauffa ſa flamme paſſagère pour Acté : c'était l'unique frein que ſa philoſophie lui montrait pour modérer la fougueuſe intempérance du jeune tyran; il conſeilla une faibleſſe pour prévenir un inceſte.

Plus Agrippine ſe rapprochait de Néron, plus elle lui inſpirait du dégoût, & le dégoût eſt toujours le germe de la haine dans une ame atroce. Vers le temps de la nouvelle intrigue de Néron avec Acté, ce Prince viſitant le Tréſor Impérial, y trouva une magnifique parure qu'il ordonna de porter de ſa part à Agrippine. Cette femme impérieuſe prit ce don pour un outrage : *prétend-on*, dit-elle, *me faire un appanage? Tout cet Empire, que j'ai donné, n'eſt-il pas à moi?* Ce propos ſuperbe fut encore envenimé par les ennemis de l'Impératrice; alors Néron, pour mortifier ſa mère, ôta à Pallas la garde du trésor & l'administration des finances.

Ce Pallas avait tant abusé de son pouvoir sous le dernier règne, que Rome entière applaudit à sa disgrace : Agrippine même, entraînée par le torrent, fut obligée de dévorer en secret son dépit ; le malheur ne corrigea point ce superbe affranchi. Quelque temps après, ayant été accusé de crime de lèze-majesté, & ses juges lui objectant le témoignage de ses affranchis, *c'est une imposture*, dit-il ; *comment leur aurais-je dévoilé un pareil secret ? Je ne fais jamais entendre ma volonté chez moi que de l'œil & du geste ; s'il faut que je m'explique, je ne converse pas avec mes gens, j'écris.* Malgré cet orgueil insolent, il fut absous, parce que Burhus se trouva impliqué dans la même délation. Burhus conspirer avec Pallas ! Quel point de contact pouvait-il y avoir entre ces deux noms, dont l'un était dévoué à l'opprobre, & l'autre consacré par la gloire ! Au reste, quoique Pallas fût reconnu innocent, Néron, quelque temps après, ne l'en fit pas moins empoisonner: ce n'est point le conspirateur qu'il cherchait à punir, c'est l'ami d'Agrippine.

Agrippine, sans appui, ne plia point son orgueil à demander grace: elle cabala pour rendre à Britannicus le Trône que son injustice lui avait ôté: *oui*, disait-elle, *je ferai l'aveu, tout pénible qu'il est, des désastres que j'ai causés à cette famille infortunée: je parlerai de mes noces incestueuses, je dévoilerai le mystère de l'empoisonnement de Claude; grace au ciel son fils respire encore: j'irai au camp avec lui; les Prétoriens jugeront entre moi & les deux Ministres de Néron; ils entendront d'un côté la fille de Germanicus, & de l'autre un vieux soldat mutilé & un Rhéteur flétri par l'exil, qui, sur de pareils titres, prétendent au Gouvernement de l'Univers.* Cette Philippique violente ne servit qu'à accélérer la mort tragique de Britannicus.

Quand le rival qu'Agrippine voulait

opposer à Néron, ne fut plus, elle exhala avec plus de fureur que jamais tout le fiel de son ressentiment; elle se ligua avec Octavie, que l'Empereur accablait de ses mépris, & cherchant à se faire un parti, elle amassait de l'argent de tout côté, traitait avec distinction les chefs de la noblesse, & caressait sur-tout les Tribuns & les Centurions. Néron instruit de tous ces mouvemens, lui ôta d'abord la garde romaine qu'elle avait comme Impératrice, ensuite la garde germaine qu'on y avait jointe par distinction; enfin il l'éloigna de sa Cour, & la fit passer avec toute sa maison dans le palais d'Antonia. De ce moment, il n'alla plus la voir qu'entouré d'une troupe de Centurions; il l'embrassait froidement, & se retirait aussi-tôt, sous prétexte d'aller vaquer au soin de son Empire.

D'UN BLASPHÊME D'AGRIPPINE CONTRE LA PHILOSOPHIE.

AGRIPPINE, dit l'Hiſtorien des Céſars, détourna ſon fils de l'étude de la Philoſophie comme contraire à un Souverain (*a*). Ce blaſphême abſurde & dangereux eſt peut-être plus contraire au repos des Nations, que tous les axiomes politiques de Hobbes & l'infâme théorie de Machiavel.

Je pardonne à Agrippine, qui s'était proſtituée à un vil affranchi, qui avait empoiſonné ſon époux, & qui provoquait ſon fils à l'inceſte, de déteſter la Philoſophie, qui ne l'éclairait qu'en lui donnant des remords ; mais comment a-t-elle oſé ériger en axiome un tel blaſphême ? Comment Sénèque, l'inſti-

(a) *A Philoſophiâ eum mater avertit, monens Imperatori contrariam eſſe.*

tuteur & le Miniſtre de Néron, laiſſa-t-il s'accréditer un principe qui le rendait lui-même le fléau du Souverain? Comment l'Hiſtorien des Céſars, qui ſe pique quelquefois de Philoſophie, laiſſa-t-il paſſer ce ſophiſme ſans le pulvériſer?

Des hommes vils & des femmes abominables ont accuſé la Philoſophie d'être contraire à l'art de régner; & où en ſerions-nous, ſi les Philoſophes n'avaient fait les Rois, & ſi les Rois ne protégeaient les Philoſophes?

N'eſt-ce pas la Philoſophie qui crie aux Princes, qu'ils ne doivent monter ſur le Trône que quand ils ont le courage d'être effrayés à ſa vue? Qui leur apprend à diſtinguer les hommes qu'ils gouvernent, d'un vil troupeau qu'ils achètent, & qui au milieu même des forces politiques qu'ils font mouvoir, les inſtruit du ſecret de leur faibleſſe?

N'eſt-ce pas la Philoſophie qui place le ſeul deſpotiſme légitime dans la loi, & qui éloigne du Trône cette foule d'hommes vils & lâches qui conſpirent à retenir les Princes dans les entraves de l'erreur, dont la voix ne s'élève que pour trahir la patrie, & qui perſuadent à l'eſclave couronné qu'ils dirigent, qu'il n'y a d'ennemis de l'Etat, que l'homme de génie & l'ami de la vertu ?

N'eſt-ce pas la Philoſophie qui apprend aux Souverains, que l'énorme machine politique qu'ils font mouvoir, ne tient qu'à un fil, & que de la plus légère déclinaiſon de ce fil dépend le bonheur ou le malheur de vingt millions d'hommes; qu'il ne faut qu'un projet mal conçu pour allumer une guerre fatale dans les deux mondes ; un édit mal concerté, pour priver l'Etat de cent mille bras, & une ſeule erreur de calcul pour empoiſonner l'exiſtence des Citoyens dans l'intervalle de pluſieurs générations ? Ouvrons les annales de la terre, nous verrons que jamais elle n'a été plus heureuſe que ſous les Rois Philoſophes. Les cent millions d'hommes qui habitent la

Chine de temps immémorial, ne formaient qu'une famille sous le Monarque qui eut Confugsée pour instituteur; le sage Zoroastre fut le dieu de la Bactriane, & à Rome Caton même, le martyr de la liberté, aurait travaillé au despotisme de Marc-Aurèle.

L'incestueuse Agrippine, le farouche Calife Omar, & après eux une foule de sophistes vils & méchans, ont dit que la Philosophie était le fléau des Rois; que conclure de cette assertion, à-la-fois absurde & atroce, sinon qu'il y a des êtres ennemis nés de la vérité, comme le hibou l'est de la lumière, & que la Nature semble avoir dédommagé l'homme sans talens & sans vertus, en lui permettant de persécuter le génie?

Quel est le vrai Philosophe qui a ensanglanté les Trônes, & armé les hommes contre les hommes? Platon a-t-il soulevé Syracuse même contre Denys le tyran? Tacite a-t-il conspiré contre Domitien, le fléau de sa patrie? Locke a-t-il été du nombre de ces fougueux Parlementaires qui assassinèrent Charles I avec le glaive des loix ?

Je jette un coup d'œil sur l'Univers ; je vois la moitié du globe se presser contre l'autre, les petits Empires renverser les grands pour devenir grands eux-mêmes, & ensuite être renversés à leur tour, & un certain nombre d'êtres faibles & malheureux, qu'on appelle Souverains, se débattre avec fureur autour de quelques ruines qui ne se réunissent que pour leur servir de tombeau. D'où viennent toutes ces sanglantes révolutions ? Ce n'est pas sans doute du sage obscur qui raisonne dans son cabinet ; c'est de quelque Cromwell, qui fait consister la gloire à changer les chaînes de ses concitoyens ; de quelque Alexandre, qui ne veut mourir que sur des mondes subjugués ; ou de quelque Mahomet, qui vient le glaive d'une main & l'encensoir de l'autre, anéantir le culte aussi bien que la liberté de sa patrie, & la faire gémir à-la-fois ſous la tyrannie de ſes Rois & ſous celle de ſes Dieux.

Faites aſſeoir le Philoſophe au pied des Trônes, & vous ne verrez point de ces grands crimes dont la trace reſte encore ſur la terre, long-temps après que les criminels ne ſont plus; faites de Montagne l'ami de Charles IX, & il n'y aura point de journée de Saint-Barthelemi; rendez le Préſident de Monteſquieu légiſlateur de l'Europe, & l'Europe ne ſe jettera pas ſur le nouveau monde, & n'égorgera pas douze millions d'hommes pour conquérir de la boue jaune, des maladies horribles & des déſerts.

Le vrai Philoſophe eſt le plus pacifique des hommes; il unit les ſujets aux Rois, & les Rois entr'eux; il empêche les peuples de s'exterminer pour des ſophiſmes. Perſuadé que l'ordre général eſt la première loi de la Nature, il ſe ſacrifie à ſa famille, ſa famille à ſa patrie, & ſa patrie au genre humain; en un mot, quoiqu'en diſent Agrippine & tous les ennemis du génie & de la vertu, le monde ne sera heureux & tranquille, que quand les Philosophes seront les instituteurs des Souverains, ou que les Souverains eux-mêmes seront Philosophes.

DISGRACE D'AGRIPPINE. PARRICIDE DE NÉRON.

AGRIPPINE impérieuse, jalouse à-la-fois des talens & des graces, implacable dans ses vengeances, n'était pas parvenue au rang de Souveraine du monde sans se faire une foule d'ennemis; à peine fut-elle reléguée dans le palais d'Antonia, que tout ce qui n'avait point de grandeur d'ame vint insulter à sa disgrace. Silana, qui avait une injure personnelle à venger, fit plus, elle la fit accuser par le pantomime Pâris d'avoir voulu élever à l'Empire Rubellius Plautus, qui allié par Julie sa mère, petite-fille de Tibère, à la maison des Césars, comptait, ainsi que Néron, Auguste pour trisaïeul. La calomnie était ridicule; mais le tyran, qui ne cherchait qu'un prétexte pour son parricide, saisit avec avidité les délations, & il allait faire périr Agrippine sans l'entendre, ſi Burhus ne lui avait fait craindre qu'une infraction auſſi ſolemnelle de toutes les loix divines & humaines, ne mît ſon Trône en danger. Néron s'arrêta ; mais le lendemain, dès la pointe du jour, il fit dire à ſa mère par ſes deux Miniſtres, qu'elle eût à ſe juſtifier, ou qu'elle s'attendît à ſubir ſon ſupplice.

Agrippine, à ce dernier trait d'humiliation, retrouva toute la fierté du ſang illuſtre qui coulait dans ſes veines : " Je „ ne trouve point étrange, dit-elle, que „ Silana, qui n'a jamais eu d'enfans, ne „ connaiſſe ni les devoirs d'une mère, „ ni ſa ſenſibilité ; on ne change pas de „ fils comme d'amans adultères : mais „ comment une pareille délation de la „ part de la Romaine la plus débordée, „ a-t-elle pu allarmer Néron ? Ai-je donc „ tenté la fidélité des légions, ſoulevé les „ provinces de l'Empire, ou corrompu „ des eſclaves pour exécuter mon parri„ cide ? Rubellius ne m'eſt pas plus cher

„ que mon fils ; je ſuppoſe que ce Ci-
„ toyen , ou quelqu'autre, obtienne la
„ toute-puiſſance, Rome manquera-t-elle
„ ſous leurs règnes de délateurs qui m'ac-
„ cuſent , non de quelques mots d'im-
„ patience échappés à la tendreſſe, mais
„ de forfaits dont un fils ſeulement peut
„ abſoudre ſa mère ? „

Cette apologie fit ſon effet ſur des hommes juſtes, tels que Sénèque & Burhus; ils firent leur rapport, & Néron vit en frémiſſant ſa victime lui échapper. Peu de temps après, Agrippine demanda à voir ſon fils : l'entrevue ne fut point orageuſe, elle ne parla ni de ſon innocence, comme ſi elle avait pu être ſuſpecte un moment , ni de ſes bienfaits, comme ſi elle eût pu douter de la reconnaiſſance ; mais elle demanda qu'on punît ſes délateurs : Silana fut exilée , un affranchi Arimet, qui avait été l'organe de la calomnie, fut mis à mort ; Pâris ſeul, l'agent ſecret des débauches du Prince, ſe déroba à ſon ſupplice.

Cependant Néron était trop familiarisé avec les grands crimes pour s'arrêter en si beau chemin. Poppée dont il était épris, & qui songeait déjà à faire répudier Octavie pour lui succéder, l'animait sans cesse contre Agrippine, le seul appui de cette Princesse infortunée : le monstre sourit de voir qu'on lui amenait dans ses piéges sa victime ; il commença par remplir d'amertume la vie de sa mère ; si elle était à Rome, il lui suscitait des procès odieux ; si elle se retirait dans une de ses maisons de plaisance, des gens apostés venaient troubler son repos par des railleries sanglantes & des injures ; enfin trouvant qu'elle vivait trop longtemps au gré de sa scélératesse, il se détermina à lui faire subir le sort de Britannicus : trois fois il eut recours au poison, & trois fois Agrippine rendit inutile l'art de Locuste, parce qu'elle était munie de préservatifs.

L'affranchi Anicet, Commandant de la flotte de Misène, vint tirer Néron de ſa perplexité ; il propoſa de conſtruire un navire qui ſe briſerait tout-à-coup en atteignant la haute mer. La mort d'Agrippine, ſuivant cet expédient abominable, devait paraître l'effet d'un ſimple naufrage, & Néron, pour dérober ſon attentat aux regards, en aurait été quitte pour déifier ſa victime : le parricide aurait été ſauvé par l'apothéoſe.

Un moderne célèbre a dit que la conſtruction de ce navire était une fable, parce qu'on ne confie pas un pareil ſecret à cinquante manœuvres qui devaient y travailler : ce raiſonnement n'a point de poids auprès de l'autorité réunie de l'Hiſtorien des Céſars & de l'immortel Tacite ; d'ailleurs, je ne vois pas pourquoi le conſtructeur du vaiſſeau ſerait obligé de dévoiler ſon machiavéliſme à cinquante hommes ; on pouvait conſtruire ce bâtiment de pièces de rapport, & dans la forme d'une voûte qui, quelque ſolide qu'elle paraiſſe, s'écroule dès qu'on ôte la pierre qui en forme la clef. De plus, est-ce qu'il faut prêter de la logique à un tyran tel que Néron ? Peu lui importera, si son parricide s'exécute, qu'il n'ait que trois complices, ou qu'il en ait cinquante (*a*).

(*a*) Le reste de la diatribe de Voltaire qu'il a consignée dans le tome VIII de ses *Questions sur l'Encyclopédie*, ne me paraît pas digne de la renommée de ce grand homme.

Tacite se contredit certainement lui-même dans le récit de cette aventure inexprimable : une partie de ce vaisseau, dit-il, *se démontant avec art, devait la précipiter dans les flots ; ensuite il ajoute qu'à un signal donné le toit de la chambre où était Agrippine étant chargé de plomb, tomba tout d'un coup, & écrâsa l'un des affranchis de l'Impératrice. Or, si ce fut le toit, le plafond de la chambre d'Agrippine qui tomba sur elle, le vaisseau n'était donc pas construit de manière qu'une partie se détachant de l'autre, dût jetter dans la mer cette Princesse.*

Je ne vois aucune contradiction dans le récit de cette aventure, qui s'explique d'elle-même : je conçois très-bien comment la partie supérieure du bâtiment, étant faite en forme de voûte, on a pu la charger de plomb pour lui donner plus

Quoi qu'il en ſoit, voici le fait tel que l'immortel Tacite nous l'a tranſmis, & tel que la poſtérité doit l'admettre, quand on croit au génie de cet Hiſtorien & à ſa véracité.

Néron, comme l'Atrée des Grecs, feint une réconciliation pour aſſurer le ſuccès de ſon parricide; il va au-devant

---

de ſolidité; comment la clef de la voûte enlevée, le plafond de la chambre d'Agrippine dût s'écrouler, & comment le plomb en tombant était deſtiné à écarter toutes les planches en couliſſe qui formaient la charpente du navire? Tout ce méchaniſme eſt de la plus grande ſimplicité, & il n'eſt point néceſſaire d'avoir le génie de Tacite, ſoit pour l'entendre, ſoit pour l'expliquer.

Tacite ajoute qu'on ordonna alors aux rameurs de ſe pencher d'un côté pour ſubmerger le vaiſſeau; mais des rameurs en ſe penchant peuvent-ils faire renverſer une galère, un bateau même de pêcheurs? Et d'ailleurs ces rameurs ſe feraient-ils volontiers expoſés au naufrage? Ces mêmes matelots aſſomment une favorite d'Agrippine, qui était tombée dans la mer, criant qu'elle était l'Impératrice; mais parle-t-on quand on eſt dans l'eau?

d'Agrippine ſur le rivage, lui préſente une main perfide, l'embraſſe avec des tranſports que ſon ame de fange déſavoue, & la mène à une de ſes maiſons de plaiſance baignée de la mer, & ſituée entre le lac de Baïes & le promontoire de Misène; là ſe trouvait le navire fatal orné de guirlandes & de bandelettes,

---

Il eſt plus que probable que la chûte du plafond & du plomb qui lui ſervait de toit, mit preſqu'au niveau des vagues un des côtés de la galère; alors la plus légère inclinaiſon devait ſuffire pour la ſubmerger.

Le navire, au moment du déſaſtre, était près du rivage; il n'y avait point de naufrage à craindre: on ne dit pas qu'aucun matelot ait péri; Agrippine elle-même, contre l'attente de tout le monde, ne ſe noya pas.

Je ne crois pas qu'on ait pu écrire ſérieuſement qu'on ne parlait pas dans l'eau; comme s'il était bien difficile à une perſonne qui nage a tête élevée, de dire *je ſuis Agrippine.* Il eſt probable que cet écrivain immortel, en ſe jouant ainſi d'un homme de génie tel que Tacite, venait d'écrire Zadig ou Micromégas.

comme pour faire honneur à Agrippine. Le monſtre l'avait invitée à ſouper pour couvrir ſon attentat des voiles de la nuit; mais l'abominable ſecret fut trahi à moitié, & la Princeſſe, incertaine, ſe fit porter à la maiſon de plaiſance en litière; là Néron cherche à la raſſurer par ſes careſſes perfides, & à ſon départ il baiſe avec tendreſſe ſes yeux & ſon ſein, ſoit pour couronner ſa perfidie, ſoit que l'aſpect d'une mère, prête à périr d'une manière ſi tragique, cauſât quelqu'émotion dans cette ame, qui ne s'ouvrait qu'à la férocité (*a*).

La mer était calme & le firmament parſemé d'étoiles, comme ſi le ciel avait voulu donner la plus grande authenticité au parricide. Le vaiſſeau met à la

---

(a) *Proſequitur abeuntem, arctiùs oculis & pectori hærens ſive explendâ ſimulatione, ſeu perituræ matris ſupremus aſpectus, quamvis ferum animum retinebat.* Voy. *Tacit.* annal. lib. 14.

voile; & à peine était-il à quelque distance du rivage, que tout-à-coup, à un signal donné, le plafond s'entrouvre, & le plomb qui s'en échappe écrâse Gallus, un des Officiers de l'Impératrice, qui se tenait assis près du gouvernail. Agrippine & Aceronia sa favorite furent défendues par une poutre en saillie, qui, placée au-dessus de leurs têtes, soutint le plomb qui s'écroulait de toutes parts; de plus, le navire, malgré l'intelligence perfide du constructeur, ne s'entr'ouvrait point, parce que dans le désordre général, ceux qui ignoraient le complot nuisaient à l'exécution; alors le chef du complot ordonna aux rameurs de peser du côté qui était presqu'à fleur d'eau: mais comme personne n'était préparé à cette manœuvre, on n'agit pas de concert, & le reste de l'équipage ayant fait un contre-poids, le bâtiment coula à fond très-doucement. Aceronia, qui croyait, à l'abri d'un nom sacré, sauver sa vie, cria qu'elle était Agrippine, & les conjurés l'aſſommèrent avec leurs crocs, leurs rames, & toutes les armes qui s'offrirent à leurs regards; pour la mère de Néron, quoique bleſſée à l'épaule, elle ſe tut afin de ne point ſe faire reconnaître, &, moitié en nageant, moitié à l'aide des barques qui vinrent à ſon ſecours, elle gagna ſa maiſon de plaiſance.

Là, revenue un peu de ſa prodigieuſe fatigue, & abandonnée à l'amertume de ſes réflexions, elle obſerva que le déſaſtre auquel elle venait d'échapper, ne pouvait être l'effet du haſard, que le navire avait coulé à fond à la vue du rivage, ſans avoir été ni ſecoué par les vents, ni briſé contre les écueils, & que ſa favorite, pour s'être couverte de ſon nom, avait été aſſaſſinée; alors elle ſentit que l'unique moyen de détourner le péril était de ne pas paraître s'en appercevoir, & elle envoya Agerinus, un de ſes affranchis, à ſon fils, pour lui annoncer que, grace à des Dieux protecteurs, elle venait d'échapper au naufrage.

A cette nouvelle inattendue, la terreur s'empare de Néron : il croit voir la fille de Germanicus appeller à grands cris la vengeance, ſoulever les légions, ameuter les eſclaves; il croit l'entendre faire le récit de ſon naufrage, évoquer les mânes de ſa favorite, & renouveller les tragédies ſanglantes qui ſuivirent la mort des Lucrèce & des Virginie.

Il appelle Sénèque & Burhus, & leur demande conſeil d'un air féroce, qui leur perſuade que leur tête va répondre de l'évènement. Les choſes, à en croire le tyran, paraiſſaient en être venues au point qu'il fallait que la mère pérît par le fils, ou le fils par la mère. Les deux ſages gardent quelque temps le ſilence de la ſtupeur & de l'effroi; enfin Sénèque, moins déconcerté, regarde Burhus comme pour lui demander ſi on commanderait aux ſoldats d'égorger la mère de leur Souverain. Burhus répond que les Prétoriens ſont trop attachés à la maiſon de Germanicus, pour porter jamais leurs mains meurtrières ſur la fille de ce Héros ; il fait entendre qu'il commande à des braves ſoldats & non à de vils aſſaſſins, & le réſultat de ſon diſcours eſt que, puiſqu'Anicet a commencé le crime, c'eſt à lui à le couronner. Anicet était préſent ; cet homme farouche, aggueri à tous les attentats du deſpotiſme, offre ſon épée ; alors Néron tranſporté s'écrie : *c'eſt de ce moment que je règne, & je le dois à un affranchi.*

Si quelque choſe peut étonner la poſtérité après la trame épouvantable de Néron, c'eſt de voir Sénèque & Burhus, tout chargés qu'ils étaient par la patrie, de faire de leur élève le modèle des Souverains, conniver par leur faibleſſe à ſon parricide.

Au reſte, il n'y avait rien de plus terrible que la poſition des deux Sages ; jettés par leur deſtinée entre des ſcélérats puiſſans, & n'ayant, pour ainſi dire, que le choix des crimes, il eſt évident que s'ils avaient montré au tyran un courroux trop fortement prononcé, il n'en ferait résulté aucun avantage à l'Empire, & que, pour fauver un meurtre abominable, ils en auraient fait commettre trois.

Peut-être un républicain aurait-il dit que le parti le plus magnanime à prendre dans ces horribles circonftances, était de faire revivre les Brutus & les Cheréa : mais un écrivain célèbre a répondu, avant moi, que les feuls hommes de la terre, à qui il n'était pas permis de tuer Néron, étaient Sénèque & Burhus.

Il reftait donc aux deux Philofophes de favoir mourir : mais comme ils avaient encore quelque bien à faire au monde, on eft prefque tenté de faire plier la morale en faveur de la politique, & de jetter ainfi pour un moment un voile fur la ftatue de la vertu.

Cependant Anicet apprenant qu'Agerinus venait voir Néron de la part d'Agrippine, prépara un prétexte à l'attentat qu'il méditait; il fit jetter fecrètement un poignard auprès de lui, & ordonna qu'on le mît aux fers comme un conjuré suborné par la Princesse pour égorger l'Empereur; son plan était de laisser croire qu'Agrippine avait médité elle-même le parricide, & que voyant sa trame découverte, elle avait prévenu un supplice ignominieux par le suicide.

Sur ces entrefaites, la nouvelle du naufrage de l'Impératrice s'était répandue; à l'instant une multitude immense accourt sur le rivage, les uns montent sur le môle, les autres vont avec les barques à la découverte, quelques-uns même plus zélés s'élancent dans la mer, & fendent les vagues pour arriver vers les débris du navire fracassé; mais à l'approche des Prétoriens armés & menaçans, bientôt cette foule se disperse; Anicet fait entourer la maison d'Agrippine & enfonce les portes: il n'y avait alors auprès d'elle qu'une seule esclave, & la lumière pâle & incertaine d'une lampe perçait à peine l'obscurité profonde de l'appartement.

Agrippine s'effrayait de plus en plus de ne voir arriver personne de la part de son fils ; la solitude allarmante où elle se trouvait, le cliquetis des armes qui retentissaient dans les appartemens voisins, tout lui présageait son désastre ; l'esclave combla son effroi en se retirant, *& toi aussi tu m'abandonnes*, dit-elle ; en ce moment, elle apperçoit Anicet accompagné de deux Officiers de la flotte de Misène : *Si César*, ajouta-t-elle, *t'envoie pour me visiter, tu lui annonceras ma convalescence ; si tu viens pour un parricide, je ne croirai jamais que mon fils l'a ordonné.* Les assassins dédaignant de lui répondre, entourent le lit : un des deux Officiers donne le premier un coup de bâton sur la tête de l'infortunée, & l'autre tirant son épée pour la percer : *frappe*, s'écria-t-elle, *le sein qui a nourri ton maître* ; elle fut percée de plusieurs coups, & les assassins ne l'abandonnèrent que quand elle eut rendu le dernier soupir.

Il ſemblait impoſſible de rien ajouter à l'horreur d'un tel parricide : Néron y joignit une nouvelle atrocité ; il alla voir le cadavre d'Agrippine, le parcourut de ſes mains abominables, parla de ſes charmes & de ſes imperfections, & au milieu de cet examen affreux, vuida une coupe de vin.

La même nuit, le corps d'Agrippine fut brûlé ſans pompe ſur un ſimple lit de table. Cet évènement ne fut mémorable que par le zèle de Mneſter, un de ſes affranchis, qui, au moment où la flamme du bûcher s'élevait, ſe perça de ſon épée : on attendit la mort de Néron pour ériger un faible mauſolée à la fille de Germanicus. Tacite rapporte (& Tacite même n'offre ici qu'une autorité ſuſpecte) ; Tacite, dis-je, rapporte qu'Agrippine, quelques années auparavant, avait appris des aſtrologues que Néron régnerait & tuerait ſa mère, & qu'elle avait répondu, *qu'il me tue, pourvu qu'il règne*. Le parricide de Néron pouvait être pressenti par un homme de génie qui aurait long-temps sondé les replis de ce cœur abominable, & qui l'aurait vu lutter contre le caractère altier & superbe d'Agrippine, par Sénèque, par exemple; mais jamais il n'a été prédit par des astrologues.

A peine Néron avait-il vuidé une coupe de vin sur le cadavre de sa mère, qu'il souillait de ses regards incestueux, que de retour dans son palais, & son attentat se trouvant consommé, il en sentit toute l'énormité : tout le reste de la nuit, tantôt gardant un silence stupide, tantôt s'élançant de son lit comme un criminel que la terreur égare, il attendit le jour, comme s'il devait lui apporter la mort; ce jour arriva enfin, pour éclairer de nouvelles atrocités.

On vit Burhus, le vertueux Burhus, amener les Tribuns de la garde Prétorienne, & les Centurions dans l'appartement de l'Empereur; là, ces hommes vils, conseillés par leur Commandant, raſſurèrent, par leurs ſophiſmes adulateurs, la conſcience bourrelée de Néron, lui baisèrent la main, & le félicitèrent d'avoir échappé au prétendu piège que lui avait tendu Agrippine.

Sénèque porta encore plus loin la baſſeſſe (je dis la baſſeſſe, parce que l'Hiſtoire ne doit pas corrompre la grammaire de la morale, pour pallier les erreurs d'un grand homme); Sénèque, dis-je, eut la baſſeſſe de compoſer pour Néron une lettre adreſſée au Sénat, qui renfermait l'apologie de ſon parricide (*a*); il y expoſait le prétendu attentat d'Agerinus, & accuſait Agrippine d'avoir conjuré contre ſon fils pour s'aſſeoir elle-même

(*a*) Un de nos Ecrivains, qui a mis le plus de chaleur dans ſa philoſophie, a conſacré une partie d'un ouvrage célèbre à juſtifier cette apologie d'un parricide; il eſt difficile de raſſembler autant de ſophiſmes ingénieux, pour prouver (ſans le vouloir) qu'il n'y a point de morale: l'eſprit ſerait convaincu, ſi le cœur n'était pas révolté.

ſur

ſur le Trône des Céſars; comme s'il y avait l'ombre de vraiſemblance qu'une femme échappée au naufrage, eût envoyé un homme ſeul pour égorger ſon Souverain au milieu de ſes gardes! Le réſultat de cette lettre odieuſe était, que Rome était heureuſe de la mort d'Agrippine.

Le Sénat, auſſi corrompu que Sénèque était faible, trouva l'apologie de Néron pleine de raiſon & de ſageſſe : il ordonna des prières publiques pour remercier les Dieux de ce que le Prince avait eu le bonheur de prévenir un parricide par un autre; il ſtatua qu'on érigerait une ſtatue d'or à Minerve, à côté de celle de Néron, dans un des temples où la Compagnie s'aſſemblait, & il mit dans le Calendrier Romain, au nombre des jours malheureux, celui de la naiſſance d'Agrippine.

Néron était inquiet ſur l'accueil qui l'attendait dans la Capitale à ſon retour de la Campanie; mais le peuple, qui d'ordinaire avait fait entendre une vérité importune jusqu'autour du char des triomphateurs, ici disputa d'adulation avec les courtisans les plus vendus au despotisme : on éleva dans les rues & dans les places publiques des gradins en forme d'amphithéatre, & ces gradins étaient couverts d'hommes qui se disaient citoyens : c'est au milieu de leurs acclamations que Néron, couvert du sang de sa mère, monta en triomphe au Capitole.

Cependant, dit l'Historien des Césars, malgré les applaudissemens des Prétoriens, du Sénat, & de la multitude, Néron ne put échapper aux remords vengeurs qui vinrent le déchirer : il avoua plusieurs fois que l'ombre de sa mère venait le tourmenter ; qu'il sentait les coups de fouet des furies & l'empreinte de leurs torches enflammées : il s'adressa même à des Magiciens pour évoquer les mânes de la fille infortunée de Germanicus, & tenter de la fléchir. Dans son voyage en Grèce, il n'osa se présenter aux mystères de Cérès Eleusine, parce qu'il entendit la voix du crieur public qui ordonnait à tous les impies & à tous les ſcélérats de s'éloigner de ſon ſanctuaire.

INDÉCENCE DES GOUTS DE NÉRON. SES VOLS PUBLICS. IL DEVIENT COMÉDIEN ET COCHER CHEZ LE PEUPLE QU'IL GOUVERNE.

NÉRON n'avait pas attendu ſon parricide pour ſe livrer à tous les goûts indécens qui pouvaient faire preſſentir ſa tyrannie. A l'approche de la nuit, dit l'Hiſtorien des Céſars, il mettait ſur ſa tête le *pileus*, eſpèce de bonnet qui était pour les hommes libres, le ſigne de leur molleſſe, & pour les eſclaves qu'on affranchiſſait, le ſymbole de leur liberté, & déguiſé ainſi, il entrait dans les tavernes & courait dans les rues inſultant tout le monde; il attaquait ceux qui revenaient de ſouper, les bleſſait en cas de réſiſtance, ou les jettait dans les cloaques de Tarquin; il briſait les portes des boutiques, & les mettait au pillage : il y avait même dans le palais Impérial un marché public où on mettait à l'enchère ce qui avait été volé pendant la nuit : c'eſt ainſi que Néron achetait le droit de gouverner le monde, en s'abandonnant à des goûts dignes de l'échafaud.

Comme ce Prince adoptait dans ſes jeux indécens divers genres de traveſtiſſement, il lui arriva quelquefois d'être en danger de perdre la vue ou même la vie : un jour un Sénateur du nom de Montanus, dont il avait inſulté la femme, le maltraita preſque juſqu'au point de l'aſſommer ; d'abord Néron, qui traitait cette aventure de plaiſanterie, ne ſongeait point à ſe venger ; mais Montanus, qui eut l'imprudence d'écrire, pour s'excuſer de ce qu'on l'avait mis dans le cas de la défenſe naturelle, reçut cette terrible réponſe : *Quoi ! un homme qui a frappé ſon Souverain reſpire encore !* & l'infortuné fut contraint de ſe donner la mort.

Sylla, gendre de Claude, & un des chefs de la nobleſſe de Rome, fut encore la victime du libertinage de Néron. La jeuneſſe de Rome était alors dans l'uſage d'aller faire des orgies licencieuſes au pont Milvius, aujourd'hui Ponte-Mole, à trois milles des remparts. Une nuit que le Prince s'était écarté de ſa route pour ſe rendre aux jardins de Salluſte, ſes Officiers furent inveſtis par une troupe de jeunes inſenſés qui ſe plurent à leur faire peur : c'eſt ſur cette baſe frivole qu'on bâtit une accuſation de crime de lèze-majeſté contre un allié des Céſars. Un miſérable affranchi, nommé Graptus, vieilli dans le manège des Cours, qui avait entrevu que Sylla faiſait ombrage à Néron, l'accuſa d'avoir, dans la partie du pont Milvius, attenté à la vie de ſon Souverain ; & quoique ſa timidité baſſe & ſtupide déposât contre la vraiſemblance d'une pareille délation, il fut relégué à Marſeille.

Néron ne pardonnait jamais au malheureux qu'il avait une fois diſgracié ; dès que la retraite de Sénèque lui eut permis d'étancher la ſoif ardente du ſang humain qui le dévorait, il songea à se défaire de Sylla, ainsi que de Rubellius Plautus, arrière petit-fils de Tibère, que dans un moment de fermentation, Rome mécontente du Gouvernement, pouvait élever au Trône des Césars; ce dernier était exilé depuis quelque temps en Asie, sous prétexte que lors de l'apparition d'une comète, des astrologues lui avaient montré en perspective la pourpre Impériale: l'infâme Tigellin, que ses adultères & ses perfidies venaient d'élever à la dignité de Préfet du Prétoire, représenta à Néron que l'exil des deux Romains les mettait à portée de soulever, l'un les légions de l'Orient, & l'autre celles de Germanie: *Sylla est pauvre*, dit-il, *mais sa pauvreté le rend capable de tout oser; Plautus est très-opulent, & il ne tient qu'à lui d'acheter l'Empire, auquel son nom & ses talens semblent lui donner droit de prétendre: crois-moi Néron, fais périr l'un parce qu'il est pauvre, & l'autre parce qu'il est riche, & n'aye plus a re-*

doûter ni le mérite de Plautus, qui sert de masque à sa politique, ni la stupidité de Sylla, qui sert de voile à son hypocrisie.

Tigellin avait lu dans la pensée du tyran : celui-ci expédia à l'instant des ordres pour le supplice des deux exilés ; Sylla périt le premier, & sa tête fut portée au tyran, qui, après l'avoir agitée dans ses mains abominables, railla la victime sur ce qu'elle était devenue chauve avant l'âge : en Sylla finit la postérité du fameux Dictateur.

Plautus fut averti de l'orage qui menaçait sa tête ; Antistius son beau-père l'exhorta à se mettre en défense, & à ne pas se rendre complice du tyran par une patience imbécille, qui serait le germe de nouveaux attentats contre la patrie ; mais deux philosophes qui vivaient avec luì l'exhortèrent à préférer au courage impétueux de Thraséa, le courage tranquille de Socrate : ainsi il attendit la mort avec une sérénité que n'avaient point ses aſſaſſins. Le Centurion chargé d'apporter ſa tête, le trouva à demi nud dans ſon jardin, & le poignarda ſans trouver de réſiſtance. Le Sénat, accoutumé depuis Tibère à n'annoncer ſon exiſtence que par la baſſeſſe de ſes adulations, dégrada Sylla & Plautus, après leur mort, du rang de Sénateurs, & décerna des actions de graces aux Dieux, ſur ce qu'il ne s'était élevé aucun trouble quand Néron les avait fait aſſaſſiner.

La jeuneſſe licencieuſe ſe blaſe ſur tout ; quand Néron fut laſſé de voler dans les rues & d'enſanglanter ſes orgies, il ſe paſſionna pour des jeux moins cruels, mais auſſi indécens ; ce ſont ceux que notre immortel Racine a déſignés par ces vers deſtinés à corriger Louis XIV:

Pour toute ambition, pour vertu ſingulière,
Il excelle à conduire un char dans la carrière,
A diſputer des prix indignes de ſes mains,
A ſe donner lui-même en ſpectacle aux Romains.

Néron, dès ſon enfance, avait regardé comme le dernier effort du génie, l'art de conduire des chevaux ; à peine fut-il Empereur, qu'il fit construire de petits chars d'ivoire avec lesquels il imitait les courses du cirque sur un échiquier ; mais tous ces vains simulacres n'étaient faits que pour irriter sa soif de spectacles ; il voulut, après la mort d'Agrippine, conduire lui-même un char. Sénèque & Burhus, effrayés de l'impétuosité de ses desirs, tentèrent de sauver la majesté Impériale, en faisant fermer d'une enceinte la vallée du Vatican où le Prince se proposait de gouverner des chevaux, & en n'admettant qu'un petit nombre de Citoyens choisis à cet étrange spectacle. Néron fit entendre, avec la voix tonnante du despotisme, que des talens aussi supérieurs que les siens avaient besoin d'être encouragés par le suffrage de Rome entière ; alors les deux Ministres plièrent de nouveau, ils brisèrent la clôture, & montrèrent à la multitude stupefaite son Empereur cocher.

Vers le même temps, Néron prit un

goût effréné pour la musique : il fit venir à sa Cour Terpnus, le plus célèbre joueur de harpe de son temps, & prit de lui des leçons de chant avec une assiduité qui contrastait avec son apathie, quand il s'agissait de l'administration intérieure de son Empire. Curieux de devenir l'Orphée des Romains, il ne négligeait rien de ce que les artistes de ce genre ont coutume de pratiquer pour conserver leur voix & pour en augmenter l'étendue ; lorsqu'il était couché, il portait sur son estomac une lame de plomb ; il se purgeait sans cesse, & s'abstenait de tout aliment contraire au développement de son organe : malgré ce régime, il ne put corriger la faiblesse & le timbre peu sonore de sa voix, & il resta toute sa vie mauvais Musicien, comme il était déjà le plus mauvais des Césars.

Néron, Musicien, se donna d'abord en spectacle à Naples ; Suétone prétend que pendant qu'il chantait avec le plus de feu, il survint un tremblement de terre qui ébranla le théatre; ce qui ne l'empêcha pas d'achever ſon rôle.

Le bruit de ſes prétendus ſuccès parvint juſqu'à la Capitale de l'Empire; alors les courtiſans le prièrent de leur faire entendre ſa *voix céleſte* (c'eſt le terme employé par l'Hiſtorien de Céſar); il donna à l'inſtant ſon nom pour être inſcrit ſur le rôle avec celui des autres Muſiciens: il tira au ſort avec ſes rivaux, & parut à ſon rang ſur le théatre, accompagné des deux Préfets du Prétoire, Fenius & Tigellin, qui portaient ſa harpe: ce fut un Conſulaire qui annonça qu'il allait jouer la pièce de Niobé, & les Sénateurs applaudirent avec tranſport comme, dans des temps plus heureux, quand Cicéron était ſalué du titre de père de la patrie, ou que Scipion était remercié d'avoir renverſé Carthage.

Néron jouait de temps en temps avec des hiſtrions dans les tragédies; alors il portait un maſque fait à la reſſemblance de ſon viſage ou de la femme qu'il aimait le plus : c'eſt ainſi qu'il fit le perſonnage de Canacé en travail d'enfant, d'Œdipe qui ſe crève les yeux, & d'Oreſte qui égorge ſa mère. — D'Oreſte qui égorge ſa mère ! Il y avait là de quoi faire hériſſer les cheveux des Citoyens qui connaiſſaient ſon parricide.

Quand le tyran chantait, il n'était permis à perſonne, quelques légitimes que fuſſent leurs prétextes, de ſortir du théatre; auſſi quelques ſpectateurs excédés de l'ennui d'entendre une mauvaiſe voix & de la fatigue de louer, ſe laiſsèrent un jour couler le long des murs, & firent ſemblant d'être morts; il y eut auſſi des femmes qui accouchèrent au ſpectacle.

Néron était jaloux, comme tous les artiſtes ſubalternes, des grands talens qui éclipſaient le ſien : dans le voyage qu'il fit en Grèce pour lutter contre les plus célèbres des hiſtrions, curieux d'effacer, autant qu'il était en lui, la mémoire de tous ceux qui avaient remporté des prix dans les quatre grands jeux (*a*), il fit abattre leurs ſtatues, & ordonna qu'on les traînât avec ignominie dans des latrines.

Lorſqu'il avait joué quelque temps d'un inſtrument dans un ſpectacle, il ſe proclamait lui-même victorieux. Dion nous a conſervé la formule de cette proclamation : *Néron eſt vainqueur dans le combat de ....., & il a acquis la couronne au peuple Romain, & à l'Univers entier dont il eſt le maître.* L'Univers devait être en effet très-flatté de ſavoir que le Souverain qui le gouvernait ſavait jouer de la flûte.

Peu content de s'avilir ainſi aux yeux

(*a*) Ces quatre grands jeux étaient les Pythiens, les Néméens, les Iſthmiques & les Olympiques ; quand les vainqueurs dans ces jeux entraient dans une ville, on abattait un pan de ſes murs pour leur ouvrir un paſſage. Plutarque en donne une raiſon un peu étrange, c'eſt qu'une ville pouvait ſe paſſer de remparts, quand elle avait de tels Héros dans ſon ſein.

de ſa nation, Néron voulut encore dégrader toute la nobleſſe Romaine. A la célébration des *jeux de la jeuneſſe*, donnés à l'occaſion de ſa première barbe qu'il enferma dans une boîte d'or enrichie de pierreries, & qu'il conſacra à Jupiter dans le Capitole, il monta ſur le théatre, & y fit monter preſque toute ſa Cour; l'âge, le ſexe, les Conſulats, rien ne put diſpenſer de jouer les rôles des hiſtrions: on vit d'anciens triomphateurs chanter des airs efféminés, & une femme octogénaire, d'un nom illuſtre, figurer parmi des danſeuſes.

Le Philoſophe éloquent, qui a écrit deux volumes ſur la vie de Sénèque, fait à ce ſujet une obſervation digne de Tacite ou de Monteſquieu. " J'oſe penſer, dit-il, „ que Tibère par ſa politique, Caligula „ par ſes extravagances, Claude par ſon „ imbécillité, & Néron par ſa cruauté, „ ont été moins funeſtes à la République „ en verſant à grands flots le ſang des „ plus illuſtres familles, qu'en ſouillant

„ celui qu'ils épargnaient. Néron, par ses „ meurtres, ravit ſans doute de grands „ hommes à l'Etat ; mais par la corrup- „ tion, il le peupla d'hommes ſans carac- „ tère ; ſes prédéceſſeurs avaient com- „ mencé la ruine des mœurs, il la „ combla ; le maſſacre des individus pou- „ vait ſe réparer avec le temps ; le mal „ fait à la Nation entière dura malgré „ les exemples, la ſage adminiſtration & „ les édits des Titus, des Trajan, des „ Julien & des Marc-Aurèle „.

La première fois que Néron ſe montra ſur le théatre de Rome avec cette partie de ſa nobleſſe qu'il proſtituait, ſes ſpectateurs des diverſes villes du fond de l'Italie, qui n'avaient pas encore abjuré la décence des anciennes mœurs de la République, ne purent s'empêcher de laiſſer éclater ſur leur viſage l'indignation profonde dont ils étaient pénétrés à la vue de l'aviliſſement de la majeſté Impériale ; cependant ils étaient obligés de battre des mains comme le reſte de la multitude, mais ils le faiſaient ſi maladroitement, qu'ils troublaient l'harmonie générale des applaudiſſemens. Néron, attentif à la police d'un ſpectacle où il jouait les premières rôles, diſtribua, d'eſpace en eſpace, dans l'aſſemblée, des ſoldats qui avaient ordre d'obſerver les viſages, & d'entretenir des tranſports d'admiration continus, ſans ſouffrir aucun intervalle d'un ſilence froid, ou d'un cri faible & inégal. La tyrannie, à cet égard, ſe montrait à viſage ſi découvert, que des Plébeïens, accuſés de n'avoir pas applaudi, furent punis de mort, & que Veſpaſien, qui monta dans la ſuite ſur le Trône des Céſars, ſoupçonné de s'être aſſoupi pendant le ſpectacle, fut obligé de recourir aux prières les plus humiliantes auprès d'un affranchi de Néron, qui devenait ſon délateur, pour ſe dérober au ſupplice.

Le délire de Néron ſur ſa manie d'être regardé comme le premier Muſicien, le premier Hiſtrion & le premier Cocher de ſon ſiècle, s'accrut dans la ſuite juſqu'à un tel point, qu'il choiſit parmi le peuple cinq mille hommes des plus robuſtes, qu'il partagea en diverſes bandes, préſidés par de jeunes Chevaliers Romains, & dont l'unique fonction était d'applaudir. S'il en faut croire l'Hiſtorien des Céſars, on apprenait à ces vils adulateurs l'art de varier leurs applaudiſſemens; les uns imitaient le bourdonnement des abeilles, d'autres le bruit de la pluie, quelques-uns celui des vaſes d'argile qui ſe briſent avec fracas: eſpèce de merveille qu'il eſt auſſi difficile d'entendre que de réfuter.

On ſe doute bien que le Souverain du monde, diſputant des prix frivoles à des artiſtes obſcurs, était toujours couronné; il n'avait d'ordinaire des rivaux que pour la forme, & quand il s'en trouva d'aſſez peu politiques pour faire avec lui aſſaut de talens, ils retrouvèrent Néron. Dans ſon voyage au Péloponèſe, un Muſicien, qui préférait la gloire à la vie, eut la courageuſe imprudence de diſputer au Chantre couronné le prix de la mélodie ; pendant qu'il raviſſait les ſpectateurs par la pureté de ſes accens, des ſatellites du tyran allèrent, par ſon ordre, ſe ſaiſir du nouvel Orphée, l'adoſsèrent à une colonne du théatre, & lui percèrent la gorge avec des ſtilets qu'ils portaient cachés dans des tablettes d'yvoire.

Ce voyage de la Grèce fut pour Néron le prétexte d'une foule de crimes ; il avait à récompenſer les Hiſtrions adulateurs qui avaient rendu hommage, par un aveu ſimulé de leur défaite, à ſa ſupériorité, & il confiſqua en leur faveur les biens des Citoyens opulens : il avait à punir les perſonnages les plus diſtingués des villes qui n'avaient pas applaudi d'une manière aſſez ſervile à ſes ſuccès de théatre, & il fit tomber leurs têtes ſur des échafauds ; il avait à ſe venger des Dieux mêmes, dont les oracles, quoiqu'achetés, n'avaient pas montré une complaiſance aſſez ſacrilège, & il pilla leurs temples avec l'insolence des Cambyse & des Xerxès.

Delphes, malgré la dégradation de la Grèce, était toujours le centre de sa religion : Néron s'y étant rendu, la Pythie eut la généreuse audace de le mettre au rang des Oreste & des Alcméon, assassins de leurs mères. Le tyran irrité, se vengea sur le Dieu qu'il croyait avoir inspiré sa Prêtresse; il confisqua sur lui le territoire de Cirra, consacré depuis un grand nombre de siècles à l'entretien de son temple, & pour profaner le sanctuaire où se trouvait le trépied prophétique de la Pythie, il y fit couler le sang de plusieurs malheureux qu'il avait fait égorger.

Après tous ces actes abominables de tyrannie, Néron satisfait de son voyage qui lui avait procuré une moisson abondante de couronnes athlétiques, imita la fameuse proclamation de Flamininus, le vainqueur de Philippe de Macédoine, & à l'ouverture des Jeux Isthmiques, déclara la Grèce libre. Cette belle contrée ne jouit du droit de se gouverner par ses Magistrats que jusqu'au règne de Vespasien.

Flamininus, de retour à Rome, avait triomphé de la Macédoine qu'il avait asservie, & de la Grèce qu'il avait rendue libre. Néron rentrant dans sa Capitale, voulut triompher des Histrions qui avaient consenti à se laisser vaincre à tous les jeux du Péloponèse : on abattit pour lui l'arcade du grand cirque, & il parut dans Rome sur le char dont Auguste s'était servi pour pacifier le monde; il était vêtu d'une robe de pourpre & d'un manteau semé d'étoiles en or, portant sur sa tête la couronne des Jeux Olympiques, & à sa main droite celle des Jeux Pythiens : on portait les autres au nombre de dix-huit cents devant lui; une foule immense d'applaudisseurs à gages suivait le char chantant la gloire du nouvel Auguste, & disant qu'ils étaient les soldats du triomphateur. Après la pompe, Néron plaça ses couronnes, soit autour de son lit, soit sur les statues qui le représentaient en habit d'Histrion, & elles y restèrent jusqu'à l'époque des Jeux du Cirque, où, par son ordre, on les suspendit à un obélisque d'Egypte dressé dans l'Hypodrome.

PROFUSIONS ÉNORMES. CONSTRUCTION DU PALAIS D'OR. RAPINES ET EXACTIONS.

JAMAIS il ne vint dans l'idée de l'assassin d'Agrippine & de Britannicus, que le monde, que le hasard de la naissance lui avait donné à gouverner, ne lui appartenait pas : il confondit sans cesse le trésor de l'Etat avec le sien ; & quand tous deux furent épuisés, il attenta sur les propriétés de ses sujets avec aussi peu de scrupule qu'il avait attenté à leurs personnes.

Néron, dit l'Historien des Césars, ne connaissait d'autre usage des richesses que la profusion la plus effrénée ; l'homme d'Etat qui se rendait compte à lui-même de l'administration des finances, lui paraissait d'une avarice sordide, & la vraie magnificence consistait pour lui à abuser de tout & à tout dissiper.

Les grandes profusions de Néron furent dans les Jeux qu'il donna au peuple Romain ; il effaça à cet égard les folies célèbres des Pompée & des Lucullus. Curieux d'étonner par la singularité bien plus que par le goût, il réunissait souvent dans le même lieu les spectacles les plus opposés : c'est ainsi qu'un vaste bassin où l'on avait fait entrer l'eau du Tibre, après avoir servi aux manœuvres d'un combat naval, à un signal donné était tout-à-coup mis à sec, & devenait une arène pour des gladiateurs : il y eut une occasion où, au rapport de Dion, ce changement de scène fut varié en un jour jusqu'à quatre fois.

Les largesses faites à la multitude répondaient à l'extravagance héroïque de ces spectacles. Néron, quand il se voyait applaudi avec transport en qualité de Musicien ou de Cocher, distribuait à la foule immense de ses adulateurs de l'or, de l'argent, des pierreries, des tableaux, des esclaves, & jusqu'à des vaisseaux, des maisons & des terres ; & comme la plupart de ces objets ne pouvaient pas se livrer en nature, il faisait jetter dans l'assemblée de petites boules inscrites d'un nom qui désignait leur valeur : c'étaient des espèces de billets de loterie, & tout Plébeïen qui pouvait saisir une boule allait se faire payer de son lot, qui devenait alors la dette la plus sacrée du Gouvernement.

Néron affichait pour sa personne le faste le plus révoltant ; il ne mettait jamais deux fois le même habit, il n'entreprenait aucun voyage sans avoir avec lui un train de mille voitures, & il faisait ferrer d'argent les chevaux de ses équipages.

Ses largesses envers ses favoris n'étaient pas moins insensées : il donna à un joueur de flûte & à un gladiateur, le palais & les terres de quelques Sénateurs décorés des ornemens du triomphe ; il avait une passion singulière pour un singe, il n'osa pas le faire Consul comme Caligula son cheval, mais il lui assigna une maison de ville & une maison de plaisance, & à sa mort il lui fit décerner les plus pompeuses funérailles.

Rien ne contribua plus à épuiser les finances de l'Empire que la construction du fameux palais d'or. Néron força la nature pour élever ce monument. On peut juger de l'étendue de ce palais d'or par une triple colonnade qui l'entourait dans une étendue de mille pas; on voyait dans son enceinte un lac immense entouré d'édifices. La magnificence de ce monument s'annonçait de loin par un colosse de cent vingt pieds de haut, qui représentait Néron, & qu'on avait placé au centre du vestibule; quant à l'intérieur du palais, l'or y brillait de toutes parts, avec des compartimens de nacre de perle enrichis de pierreries; les salles à manger étaient lambrissées de feuilles mobiles d'yvoire, qui recelaient des tuyaux destinés à laisser couler des parfums; le plus beau des sallons imitait la voûte céleste par sa figure & par ſon mouvement : on avait amené à grands frais dans l'appartement des bains les eaux de la mer & celles de la fontaine ſulphureuſe d'Albula. Quand le palais d'or fut achevé, Néron, en y entrant dit, avec un dédain ſuperbe : *enfin je commence à être logé comme un homme.*

La mémoire odieuſe de Néron engagea ſes ſucceſſeurs à abattre ſon palais d'or : Veſpaſien éleva ſur ſes ruines le temple de la paix, & un amphithéatre auquel le fameux coloſſe de cent vingt pieds fit donner le nom de Coliſée : ainſi l'Hiſtoire n'aſſigne pas vingt ans de durée à un monument qui ſemblait conſtruit pour l'éternité.

Le palais d'or, les largeſſes inſenſées & les ſpectacles de Néron épuisèrent bientôt le fiſc Impérial & le tréſor de l'Etat. Le tyran ſe trouvant ſans moyen pour payer la ſolde de ſes légions, fut obligé d'avoir recours aux rapines & aux exactions. Suétone nous fournit à cet égard des traits de deſpotiſme auxquels nos mœurs douces semblent ôter leur vraisemblance. Néron ordonna que tous les biens des Citoyens ingrats envers le Prince entreraient dans le fisc Impérial; & pour faciliter ces abominables confiscations, il voulut qu'on informât de tout crime de lèze-majesté, soit en action, soit en simples discours, sur la simple parole d'un délateur; quand il revêtait quelque Citoyen d'un emploi : *tu sais*, lui disait-il, *le prix qu'il me faut*; un jour il lui échappa de dire au milieu de sa Cour, *faisons en sorte qu'il ne reste rien à personne*.

A ces exactions, il joignait les sacrilèges; il dépouilla les temples de Rome, faisant fondre à son usage les statues d'or & d'argent, & même les représentations des Dieux pénates de la République; il envoya aussi ses affranchis saccager dans la Grèce les temples d'Apollon & de Jupiter Olympien : on enleva du premier jusqu'à cinq cents statues de bronze, la plupart ouvrages immortels des Phidias & des

Praxitèle, que l'avarice infâme du tyran fit convertir en monnaie pour payer ſes gladiateurs & ſes ganymèdes.

LA TYRANNIE ABBAT LES TÊTES LES PLUS ILLUSTRES. CARNAGE DANS LA MAISON DES CÉSARS. MORT DE DOMITIA, DE POPPÉE ET D'OCTAVIE.

LA tyrannie n'exiſte que par la deſtruction : elle a toujours en main la baguette de Tarquin, pour abattre les tiges qui s'élèvent au-deſſus des autres. Néron, après avoir aſſaſſiné ſa mère, empoiſonné ſon frère, effrayé Rome par ſes rapines & ſes ſacrilèges, ſentit que le Trône qu'il avait tant couvert d'opprobre & tant enſanglanté, était un Trône mobile, qu'il était aiſé à tout ce qui portait un cœur Romain de renverſer ; alors il prit en main la hache du deſpotiſme, & s'appliqua à faire un déſert entre lui & le dernier ordre de l'Etat, afin qu'il ne ſe trouvât plus de Citoyen puiſſant qui pût donner une ame à la multitude.

La tyrannie commença par tirer du fourreau ſon arme favorite ; elle reſſuſcita les crimes de lèze-majeſté. Le Préteur Soſianus accuſé d'avoir récité, dans l'yvreſſe d'un feſtin, des couplets ſatyriques contre Néron, fut relégué ſur un écueil de la Méditerranée : Soſianus n'était pas digne de ſubir une proſcription deſtinée aux grands hommes ; c'était un homme vil, qui ne ſavait pas mourir, quand il s'agiſſait de ſervir de modèle à ſes Concitoyens ; il obtint ſa grace par une lâcheté ; du lieu de ſon exil, il ſe rendit le délateur d'Anteius & d'Oſtorius ; le premier, ami d'Agrippine, & par-là odieux à un fils parricide, prit du poiſon ; & impatient de ce que la mort arrivait avec lenteur, ſe fit ouvrir les veines. Oſtorius, un des premiers hommes de guerre de ſon temps, pouvait, ſuivant les allarmes ordinaires du deſpotiſme, ſoulever quelques légions qu'il commandait : on lui envoya ſignifier en Ligurie l'ordre de mourir. Ce brave Officier eut la faibleſſe de reſpecter les décrets de la tyrannie, il ſe coupa les veines ; & comme il ſortait peu de ſang par les ouvertures, il ordonna à un de ſes eſclaves de tenir un poignard à la hauteur de ſa gorge, enſuite allant au devant du fer, il ſe perça lui-même.

Torquatus Silanus fut une des victimes les plus diſtinguées de Néron ; ſon grand crime était d'être ſorti d'une des plus anciennes maiſons de la République, & d'avoir eu Auguſte pour biſaïeul. Les délateurs apoſtés par le tyran, l'accusèrent d'avoir une maiſon montée ſur le modèle de celle de l'Empereur, & de donner à ſes affranchis des titres que les Officiers du palais pouvaient revendiquer. Torquatus voyant que ſon juge l'avait condamné avant de l'avoir entendu, ſe fit ouvrir les veines, & ſe déroba ainſi à l'ignominie du ſupplice.

Il reſtait un autre Silanus, qui pouvait

venger le désastre de sa maison. Néron le proscrivit, ainsi que Cassius son oncle, une des têtes les plus illustres de la noblesse. Un mémoire terrible fut envoyé au Sénat contre les deux accusés; le crime de Cassius était d'avoir gardé avec respect parmi les images de ses ancêtres celle du grand Cassius, l'assassin de César; pour Silanus, on ressuscitait contre lui la vieille accusation intentée contre Torquatus : la trame se trouvait très-mal ourdie; car le jeune Patricien instruit par le deuil & les larmes de sa famille, vivait dans une douce & vertueuse obscurité. Cependant le procès fut instruit, &, à la honte du siècle, un sophiste nommé Héliodore, qui avait été l'instituteur de l'accusé, fut assez vil pour déposer contre son élève : Cassius fut exilé en Sardaigne. Le tyran se reposait de sa mort prochaine sur l'intempérie de l'air & sur sa vieillesse; cependant il survécut au monstre couronné, & fut du nombre des exilés illustres que rappella Vespasien.

Silanus était destiné, par le Sénat, à traîner des jours obscurs dans l'île de Naxos. Arrivé dans la petite ville de Bari, il trouva un Centurion chargé par le tyran de le mettre à mort; comme ce satellite de Néron lui conseillait de se faire ouvrir les veines, il répondit qu'il était bien déterminé à mourir, mais qu'il ne prétendait pas lui laisser l'honneur de croire rendre service au Citoyen innocent qu'il venait assassiner. Le Centurion tremblant appella ses soldats: Silanus n'avait d'autres armes que celles de la nature, mais il se défendit en Spartiate, parant les coups & en donnant à son tour, jusqu'à ce qu'il tombât mort de ses blessures.

Quelquefois des familles entières étaient enveloppées dans la proscription d'un Citoyen devenu suspect au Gouvernement par ses talens ou par ses vertus. Antistius Vetus avait conseillé à Rubellius Plautus son gendre, que Néron avait condamné à mort, de disputer sa vie, jusqu'à exciter, s'il était nécessaire, une guerre civile; le tyran le sut, & l'enveloppa dans son désastre. L'infortuné se retira dans une maison de plaisance qu'il avait près de Formies, & s'y vit bientôt assiégé par des satellites de Néron; avec lui était Antistia sa fille : encore pleine de l'image terrible de son époux égorgé dans ses bras, elle avait recueilli sur sa bouche livide son dernier soupir, gardait sa toge teinte de son sang, & toujours en proie au chagrin qui altérait en elle les sources de la vie, ne prenait de nourriture qu'autant qu'il en fallait pour ne point mourir. Cette héroïne s'échappa de la maison où elle était assiégée, alla à Naples où était Néron, & lui demanda la vie de son père, tantôt du ton soumis d'un esclave qui veut fléchir un maître, tantôt avec l'audace d'une Romaine qui parle à son égal. Le tyran fut inflexible; quelques courtisans conseillèrent à Antistius d'instituer Néron un de ses héritiers, pour conserver à sa famille les débris de ſa fortune ; mais il refuſa de déshonorer, par une condeſcendance ſervile, les derniers momens d'une vie républicaine ; il diſtribua à ſes eſclaves tout ce qu'il avait d'argent comptant, & leur permit d'emporter tous les meubles de ſa maiſon, ne réſervant que les trois lits, où ſa belle-mère, ſa fille & lui-même ſe propoſaient de mourir.

Les trois victimes de la tyrannie ſe firent ouvrir les veines dans le même appartement ; pendant que leur ſang coulait, ils ſe regardaient mutuellement avec une douleur tendre, chacun d'eux appellant par ſes vœux la fin de ſon ſupplice, afin d'avoir la conſolation de laiſſer vivantes quelques momens des perſonnes qui lui étaient ſi chères : la mort ſuivit entr'eux l'ordre de l'âge ; la belle-mère expira la première, enſuite Antiſtia, & après elle ſa fille ; pendant cette ſcène tragique, le Sénat continuait le procès de la maiſon Antiſtia, & la ſentence qui intervint condamna les trois infortunés au dernier ſupplice. Néron inſtruit que ſa rage était aſſouvie, joignit l'inſulte à la férocité, & faiſant oppoſition à l'arrêt du Sénat, il laiſſa aux proſcrits la liberté du ſuicide.

Plus la ſoif de Néron pour le ſang humain s'étanchait, plus elle devenait ardente. Mela, frère de Sénèque, ſon inſtituteur, & père de Lucain, fut accuſé d'une prétendue conſpiration contre le Prince, & ſe tua. Il avait fait un teſtament d'eſclave, où dans la vue de ne pas réduire ſa famille à l'indigence, il laiſſait un legs conſidérable à l'infâme Tigellin, le favori du tyran, & l'inſtrument de toutes ſes vengeances : on fit un uſage horrible de ce teſtament; des fauſſaires y ajoutèrent deux lignes, dans leſquelles le teſtateur était ſuppoſé gémir de ſa deſtinée, prétendant qu'il mourait innocent, pendant que Cérialis, l'ennemi du Prince, reſpirait encore. Cérialis fut la victime de ce ſtratagême, digne des Denys & des Phalaris; il n'attendit pas qu'on proſcrivît ſa tête, & il s'étrangla lui-même.

Parmi les proſcrits diſtingués, dont la fin tragique excita l'intérêt de leur ſiècle, on nomme un Petronius, que le cyniſme de ſa vie, & peut-être de ſa plume, a fait prendre pour l'Arétin des Latins, pour l'auteur de l'obſcène *Satyricon*; il avait été Conſul & Gouverneur de Bithynie : comme toutes les recherches du luxe le plus ingénieux lui étaient familières, Néron l'avait fait l'ame de toutes ſes parties de plaiſir. Tigellin devint jaloux de ſa faveur, &, pour ſe défaire d'un rival, il mit en jeu la paſſion favorite de ſon Souverain, la férocité. Un eſclave, corrompu à prix d'or, fut le délateur de Petronius; il l'accuſa d'avoir été l'ami d'un proſcrit, & dans la grammaire du tyran, être l'ami d'un Citoyen ſuſpect, c'était être ſon complice; à l'inſtant on arrête, par ordre du Gouvernement, tout ce qui tient à l'infortuné, & on le garde lui-même à vue. Petronius connaiſſait l'ame atroce de Néron ; il ſavait qu'une ſentence de mort qu'il prononçait n'était jamais révoquée ; il ſe rappellait ſon mot favori, quand ceux à qui il ſignifiait l'ordre de périr mettaient du délai à ſe frapper : *je leur enverrai mon chirurgien pour les traiter* ; ce chirurgien était un Centurion eſcorté de bourreaux. Pétronius n'attendit pas le Centurion, & il ſe délivra lui-même de la vie avec un courage qu'on ne devait pas attendre d'un vieux Sybarite ; il ſe fit ouvrir les veines à différentes repriſes, ſe promenant dans les intervalles, réglant les affaires de ſa maiſon, & liſant des poéſies Epicuriennes, pour réveiller, par des images riantes, ſon imagination prête à s'éteindre ; de ſorte que ſa mort, toute violente qu'elle était, eut les apparences d'une mort naturelle. Son teſtament ne fut point un monument de baſſeſſe ; loin d'y flatter les favoris par des legs ou par des éloges, il eut l'audace d'y ajouter pour codicille une diatribe ſanglante contre

Néron, où toutes les horreurs de sa vie étaient développées. La satyre achevée, il l'envoya cachetée au tyran, prenant la précaution de rompre l'anneau qui lui avait servi de cachet, de peur qu'on n'en abusât pour faire traîner quelques gens de lettres au supplice.

Pendant toutes ces scènes désastreuses, Néron immolait à ses sombres jalousies tout ce qui restait de la maison des Césars; il avait une tante du nom de Domitia, qui cherchait, par sa morale philosophique, à l'éclairer sur les dangers de la tyrannie : le monstre la prit en horreur. Un jour qu'elle était au lit pour une légère indisposition, il alla lui rendre visite; la Princesse, qui l'aimait malgré ses égaremens, le combla de caresses, & s'écria en touchant le duvet léger de son menton : *oui, dès que j'aurai reçu cette barbe naissante, je n'ai plus qu'à mourir.* Néron se retourne vers un de ses favoris, & lui dit avec le sourire de la férocité, *je ne tarderai donc pas à me faire raser.*

A la fin de ſa viſite, il fit venir le Médecin qui traitait ſa tante, & lui commanda de donner à la malade un remède violent qui terminât ſa vie; le breuvage fit ſon effet, comme celui de Locuſte ſur Britannicus, & le monſtre ſupprima le teſtament de Domitia pour ne partager ſa ſucceſſion avec perſonne.

Quand Néron eut fait périr ſon frère, ſa mère & ſa tante, il immola ſes femmes à ſes fureurs; il avait, avant ſon avènement à l'Empire, épouſé Octavie, & à peine Claude fut-il mort, qu'il voulut la répudier; il s'en ouvrit à Burhus, qui eut le courage de lui répondre : *Si Céſar renvoie Octavie, qu'il lui rende donc l'Empire qu'elle lui a apporté en dot;* alors il ſongea à l'étrangler de ſes propres mains. Le vertueux Miniſtre s'unit avec Sénèque pour ramener le tyran à la nature, & celui-ci, par condeſcendance, ſe contenta quelque temps après de chaſſer du palais l'infortunée Princeſſe, ſous prétexte de ſtérilité; enſuite il épouſa

Poppée sa maîtresse, la Cléopatre de son siècle.

Le divorce d'Octavie ne fut que le commencement de ses malheurs. Néron la fit accuser d'adultère avec un Musicien, ordonna qu'on mît ses femmes à la question, &, avant la fin de ce procès odieux, l'exila en Campanie.

Cependant l'indignation publique était à son comble ; les murmures éclatèrent avec quelque énergie, & Néron, qui craignit pour son Trône, se vit obligé de rappeller Octavie. Sur la première nouvelle qui s'en répandit, la multitude courut au Capitole remercier les Dieux ; & renversa en chemin les statues de Poppée : il fallut que les Prétoriens vinssent l'épée à la main réparer ce désordre, & calmer cette espèce de sédition ; mais ce gage inconsidéré de l'idolâtrie des Romains, fut un arrêt de mort pour Octavie.

Néron tint conseil avec Poppée & Anicet, l'ancien assassin d'Agrippine ; celui-ci consentit, sur les sollicitations *du* tyran, à s'avouer coupable d'une intrigue criminelle avec Octavie. Néron, sur cette imputation également odieuse & absurde, fit afficher une ordonnance où il supposait que la prétendue amante d'Anicet l'avait sollicité de soulever les soldats de sa flotte ; en même temps oubliant la stérilité qui avait été le prétexte de son divorce, il l'y accusa de s'être faite avorter, pour couvrir d'un voile épais la licence de ses amours. D'après le succès de cette horrible trame, il condamna l'infortunée à être renfermée dans l'île Pandataria ; pour Anicet, il fut exilé pour la forme en Sardaigne, & il y vécut tranquille & opulent jusqu'à sa mort, qui sembla arriver trop tard pour justifier la providence.

Octavie n'avait que vingt ans, quand d'indignes satellites vinrent l'arracher de son palais pour la traîner sur l'écueil de la Méditerranée, où elle devait trouver son tombeau. A peine le vaisseau qui la portait eut-il abordé, que le Centurion qui lui servait de géolier lui signifia l'arrêt de sa mort : la victime de Néron se répandit en plaintes aussi justes qu'inutiles ; mais elle parlait à des barbares qui avaient les entrailles de bronze du monstre dont ils servaient les fureurs : on l'enchaîna des quatre membres, on lui coupa les veines, & comme le sang, figé par la terreur, coulait trop lentement, on la porta dans un bain très chaud, dont la vapeur l'étouffa. Sa tête fut envoyée à Poppée, pour repaître ses yeux d'un si affreux spectacle. Néron, afin qu'il ne manquât à cet évènement tragique aucune sorte d'atrocité, fit rendre des actions de grace solemnelles aux Dieux pour son nouveau parricide.

Poppée ne jouit pas long-temps de son triomphe abominable : aucune femme n'approchait impunément du monstre qui la souillait de ses caresses ; au reste, comme sa vie n'avait été qu'un tissu de souillures, sa mort prématurée n'excita aucun regret. Cette Romaine, la plus belle femme de ſon temps, mais auſſi la plus débordée, avait eu deux époux avant de paſſer dans le lit impérial. Othon, qui fut le dernier, s'était frayé par l'adultère un chemin au mariage ; mais il jouit peu de ſa conquête criminelle ; ayant eu l'imprudence de vanter avec trop de feu à Néron le prix de ſes faveurs, celui-ci la lui enleva, & l'épouſa ſous les yeux d'Octavie. Poppée, qui devait ſon rang à ſa beauté, crut que la beauté ſuffirait pour le lui conſerver : tous les jours on tirait, dit-on, pour elle, le lait de cinq cents âneſſes, pour lui faire un bain deſtiné à entretenir ſa fraîcheur. On ajoute qu'un matin, peu ſatisfaite de ſon miroir, elle deſira de mourir avant que l'âge mûr vînt flétrir ſes graces. Son vœu fut exaucé plutôt qu'elle ne l'aurait voulu ; car Néron, dans un accès d'emportement, la tua d'un coup de pied pendant ſa ſeconde groſſeſſe ; la première avait été plus heureuſe : Poppée était devenue mère d'une fille dont la naiſſance avait fait ériger un temple à la fécondité. Ce temple n'était pas encore ſur ſa baſe, que l'enfant mourut ; alors on fit de l'Embryon Royal une divinité qui eut ſon ſanctuaire, ſon collège de Pontifes & ſes oracles, comme l'Apollon de Delphes, ou le Jupiter du Capitole.

Criſpinus & Othon, les deux anciens époux de Poppée, n'avaient pas attendu ſa mort pour encourir la diſgrace de leur abominable rival ; l'un fut relégué en Sardaigne, & l'autre en Luſitanie ; le premier ayant reçu dans ſon exil l'arrêt de ſa mort, ſe tua lui-même.

Il ne reſtait plus de la famille de l'Impératrice qu'un enfant dont Criſpinus était le père. Néron fut inſtruit qu'il s'amuſait à jouer avec des enfans de ſon âge, à faire des Capitaines & des Généraux d'armée ; il gagna ſes eſclaves, & leur enjoignit, pendant qu'il s'amuſerait à la pêche, de le précipiter dans la mer. Quand tout ce carnage dans Rome & dans la maison des Césars fut achevé, le tyran dit qu'il commençait à régner.

RETRAITE DE SÉNÈQUE. ANECDOTES SUR CE GRAND HOMME.

On ſe doute bien que, lorſque Néron ſe baignait ainſi dans le ſang, les deux ſeuls hommes juſtes qui habitaient ſa Cour, ne ſe prêtaient pas à ſes fureurs. Burhus fut le premier qui ſe rendit odieux, en parlant la langue de l'humanité dans un repaire de tigres : auſſi, un jour qu'il demandait un remède pour un mal de gorge qui le tourmentait, Néron lui envoya du poiſon.

Le tyran, à la mort de ſon Préfet des cohortes Prétoriennes, nomma à ſa place deux hommes bien propres à le faire regretter, Fenius Rufus, dont la probité indolente ſemblait s'accommoder aux circonſtances, & Tigellin, dont le cœur profondément corrompu par une ancienne habitude du crime, mettait une activité cruelle à ſervir la tyrannie. Ce

dernier,

dernier, né dans la pouſſière, & exilé autrefois par Caligula pour cauſe d'adultère avec Agrippine, était ſingulièrement haï des Romains, & cette haine générale n'avait pas peu contribué à le rendre favori de l'ennemi né des Dieux & des hommes.

La mort de Burhus amena peu-à-peu la diſgrace de Sénèque. Ce grand homme n'était plus à ſa place à la Cour de Néron; il devait être auſſi étonné de ſe trouver au milieu d'une bande d'hommes vils ou de ſcélérats, qu'un homme vil ou un ſcélérat, de vivre parmi des Philoſophes: mais avant de développer les motifs de ſa retraite, laiſſons repoſer un moment les pinceaux que nous avons uſés à repréſenter les tigres de l'eſpèce humaine, en deſſinant du moins de profil un Sage qui a mérité doublement de la terre par ſes vertus & ſes lumières.

Sénèque, né à Cordoue en Eſpagne, était ce qu'on appellait dans la langue ſuperbe de la Nobleſſe Romaine, un homme nouveau ; car son père fut le premier qui passa dans l'Ordre des Chevaliers : son organisation physique l'aurait fait rejetter à Sparte du nombre des Citoyens. Faible, d'une petite stature, & singulièrement décharné, il fut presque toute sa vie tourmenté de fluxions, d'asthme & d'étouffemens : la Nature, au moment de sa naissance, semblait l'avoir condamné à mourir, ce qui, par une bisarrerie heureuse, lui sauva la vie une fois, quand il se vit en présence des tyrans de sa patrie.

Sénèque, qui ne pouvait, à cause de sa taille & de ses infirmités, aspirer à la gloire des armes, s'était jetté dans la carrière de l'éloquence, & il y avait acquis des succès mérités. Caligula, l'ennemi né de tous les talens, s'étant trouvé par hasard à une plaidoierie où le jeune Orateur avait été très-applaudi, fut tenté de le faire mourir : ce fut une courtisane, à laquelle il avait confié son idée atroce, qui l'en dissuada : *Ce Sénèque*, dit-elle, *tombe de consomption : pourquoi ôter la vie à un malheureux qui n'a plus que quelques momens à vivre ?* Sans ce conseil de la courtisane, Caligula aurait sauvé un crime à Néron.

Sénèque, après s'être fait une renommée parmi les Orateurs, quitta le Barreau pour se livrer à la Philosophie, & il y mit une activité que la prudence pusillanime de son père ne put arrêter ; car ce dernier s'exagérait sans cesse le danger qu'il y a à connaître la vérité & à la dire à la Cour d'un Despote. Le Stoïcien Attale donna au jeune Sénèque les premières leçons du Zenonisme, & l'élève disait de son maître : *il est pour moi bien supérieur aux Souverains, puisqu'il les fait comparaître au Tribunal de sa censure ; en l'écoutant, j'ai pitié du genre humain.*

Demetrius instruisit aussi le Romain dans le cynisme : c'est ce Demetrius qui disait à un affranchi des Césars, enorgueilli de sa haute fortune : *je serai aussi opulent que toi, quand je m'ennuyerai d'être homme de bien.*

L'ambition d'une belle-mère jetta Sénèque à la Cour : il s'y attacha à Julie, fille de Germanicus ; & ce commerce, empoisonné par Messaline, fut puni par l'exil. Le Philosophe avait alors quarante ans, était très-valétudinaire, idolâtrait sa femme dont il était aimé ; il n'en fut pas moins accusé d'adultère, & relégué dans les rochers de la Corse : c'était l'unique moyen trouvé par la courtisane couronnée, pour réduire sa vertu au silence.

Il est probable que la Philosophie pratique de Sénèque souffrit quelque brèche pendant son exil ; il se lassa d'une gloire dont il ne devait jouir que quand il ne serait plus, & il demanda son rappel de la manière la plus basse & la plus rampante au tyran stupide, qui s'était fait l'instrument de la haine de Messaline. Cet acte de faiblesse est consigné dans la *consolation à Polybe :* les panégyristes de ce grand homme n'ont trouvé d'autre moyen de laver sa mémoire d'une tache pareille, qu'en effaçant la *Consolation* de la liste de ses ouvrages ; ils ont dit que, pour avoir l'ame brisée par le chagrin, on n'est ni vil ni sot, & ils n'ont convaincu par ce sophisme que ceux qui jugent un homme célèbre par son caractère moral, & non par les monumens de l'Histoire.

Quoi qu'il en soit de cette éclipse de la vertu de Sénèque, Agrippine, dès qu'elle eut obtenu la main de Claude, jalouse d'effacer tous les actes du règne de Messaline, rappella le Philosophe, lui obtint la Préture, & le nomma instituteur de Néron.

Néron, devenu maître du monde, conserva, non par goût, mais par habitude, les favoris que lui avait donnés Agrippine ; Burhus devint Gouverneur de Rome, Sénèque fut proprement un premier Ministre : on le chargea de l'économie politique & de la législation ; il dreſſait les édits, veillait au bon ordre des finances, & nommait les Gouverneurs de Provinces.

On croit que Sénèque fut nommé Conſul pendant ſon Miniſtère : on le ſuppoſe, d'après un Sénatuſconſulte daté des Kalendes de Septembre, & qu'on nous a conſervé; mais il eſt probable qu'il ne fut que ſubrogé aux Conſuls ordinaires; car ſon nom ne ſe trouve pas dans les faſtes du Capitole.

Il faut remercier Sénèque de tout le bien que Néron fit à Rome pendant cinq ans. Le Sage eut l'art d'envelopper d'un filet la tête du monſtre; ſans lui, il eût dévoré le monde dès ſon avènement.

Enfin l'aſſaſſin d'Agrippine ſe laſſa d'avoir un Mentor qui, s'il ne pouvait lui épargner des crimes, le forçait du moins d'en rougir : il lui témoigna, aux yeux de ſa Cour, un dédain ſi outrageant, que le Sage ſe vit contraint à demander ſa retraite.

Cette demande avait été faite dans une audience publique, & Néron, qui ne s'y attendait pas, n'était pas aſſez agguéri contre la haine publique, pour paraître conſentir à une retraite qu'il avait tant déſirée ; il dit au grand homme qu'il occupait toujours la première place dans ſon cœur ; il le pria de continuer à lui apprendre à régner, & termina le rôle perfide qu'il jouait, en embraſſant celui qu'il aurait voulu étouffer.

Sénèque, dans les careſſes de Néron, reconnut celles d'Atrée ; sûr de ſa diſgrace, il ne parut plus à la Cour que les jours de cérémonie, où ſa préſence était néceſſaire, ſe dépouilla des prérogatives d'un pouvoir qui s'éclipſait, & ſe renferma dans l'obſcurité d'une vie domeſtique ; quelque temps après, ſur de nouveaux avis qu'il reçut de l'horrible ingratitude de ſon élève, il demanda à vivre confiné dans une maiſon de plaiſance qu'il poſſédait à une grande diſtance de Rome. Néron, qui voulait jouir de près du ſpectacle de ſes tourmens, perſiſta dans ſes refus; alors le Philoſophe feignit des accès de goutte cruelle, &, ſous ce prétexte, il reſtait jour & nuit dans le petit Lycée Philoſophique qu'il s'était formé, inviſible à ſes cliens & même à ſes amis.

La retraite de Sénèque eſt un des plus beaux traits de ſa vie : c'eſt auſſi la meilleure apologie des richeſſes immenſes que les détracteurs de la Philoſophie reprochent à ſa mémoire. Ce grand homme ſe glorifiait, dans ſes ouvrages, de les avoir acquiſes légitimement ; il déclare, dans ſon Traité *de la vie heureuſe*, qu'il pouvait ouvrir ſa maiſon à tous les Citoyens, & les ſommer d'y reconnaître ce qui pouvait leur avoir été enlevé. *La richeſſe m'appartient*, dit-il ; *& vous, hommes injuſtes, qui m'en faites un crime, vous lui appartenez ; le ſage ne dérobe point ce fruit de ſes travaux, il ne le ſouille pas de ſang humain, il ne le doit ni à l'extorſion, ni à de vils* *produits usuraires : l'or sortira de chez lui d'une manière aussi innocente qu'il y est entré ; l'envie seule, qui souffrait lorsqu'elle le voyait entrer, pourra sourire quand elle le verra sortir.*

Sénèque ne contredit point, par ses faiblesses, cette théorie sublime ; il fit à Néron l'abandon entier de tout ce qu'il possédait, & le tyran, contre l'attente générale, ne l'ayant pas pris au mot, il vécut comme s'il avait hérité de l'héroïque pauvreté des Cincinnatus & des Curion. Néron, qui ne pouvait rien contre la vertu de ce grand homme, attenta alors à sa vie ; il chargea Cléonicus, un des affranchis du Sage, de l'empoisonner ; mais le crime n'eut point son effet, soit que l'affranchi ne fût pas comme Néron agguéri aux parricides, soit que la vie frugale de Sénèque se prêtât peu aux complots d'un vil empoisonneur ; en effet, l'histoire rapporte que du moment que l'instituteur de Néron ne vécut que pour lui-même & pour la postérité, il ne se nourrit plus que de fruits sauvages, & ne se désaltera que de l'eau courante des ruisseaux.

« Quel spectacle pour l'imagination, » dit à ce sujet l'éloquent Historien de » la vie de Sénèque ! quel spectacle, que » le possesseur d'une richesse immense, » tourmenté par la soif, par la faim & » par la terreur, pire que le besoin, » errant dans ses magnifiques jardins, & » réduit à la condition indigente des » quadrupèdes ! Dis-nous toi-même, » homme véridique, quel fut alors ta » consolation & ta force ? La vertu, la » vertu qui te restait, & dont le tyran » ne pouvait te dépouiller, le tyran qui » t'aurait peut-être laissé la vie, s'il eût » été été en son pouvoir de t'ôter la vertu ».

TABLEAU DES MŒURS INFAMES DE NÉRON.

AVEC Sénèque s'enfuit de la Cour non-ſeulement la vertu, mais encore l'hypocriſie qui lui rend hommage. Néron, délivré de toute eſpèce de frein, ſe livra à front découvert à tous les excès d'un Phalaris & d'un Sarnanapale ; il mit un égal acharnement à outrager les mœurs & à répandre le ſang des hommes.

Sa vie licencieuſe avait commencé à ſon avènement au Trône des Céſars ; dès-lors il ſe plaiſait, ainſi que nous l'avons déjà vu, à repaître ſes yeux des plus infâmes ſpectacles ; il faiſait, par exemple, repréſenter ſur le théatre la pantomime des amours de Paſiphaë, & quand le taureau s'accouplait, il y avait, dit Suétone, une Actrice renfermée dans la géniſſe de bois qui recevait ſes careſſes.

Au temps de l'aſſaſſinat d'Agrippine, il viola le jeune Plautus, un des chefs de la nobleſſe Romaine, avant de le faire égorger ; en même temps, afin de colorer ſon crime, il répandit qu'Agrippine avait aimé l'infortuné, & lui avait fait concevoir l'eſpérance du Trône Impérial : *ç'en eſt fait*, dit le monſtre, quand Plautus eut été maſſacré, *ma mère peut maintenant embraſſer mon ſucceſſeur.*

Il viola auſſi la veſtale Rubria, & on remarqua, comme une des biſarreries de de ſon caractère, de n'avoir pas fait enterrer vive celle qu'il avait rendue ſacrilège.

Tacite nous a conſervé les détails d'une orgie abominable où il préſida ; il s'agit d'un repas ſur une pièce d'eau, qui lui fut donné par Tigellin ſon favori. La table fut dreſſée ſur une galère, dont tous les rameurs étaient de jeunes Ganymèdes, entre leſquels la diſtinction des rangs était réglée par le degré d'infâmie : l'ordonnateur de la fête y admit pour convives des Romaines du rang le plus distingué & des courtisanes. Néron, le plus corrompu de toute cette troupe abominable, ne sachant plus de quelle horreur nourrir son imagination blasée, se maria en qualité de femme à un Grec du beau nom de Pythagore : tout le cérémonial consacré par la religion du temps fut observé, auspices consultés, voile mis sur la tête des époux, dot stipulée & consignée ; quelques années après, le Sardanapale de Rome joua le rôle contraire, il fit mutiler un jeune-homme nommé Sporus, comme s'il avait voulu le faire changer de sexe, lui donna un douaire, le couvrit d'un voile nuptial, & l'épousa en qualité d'homme, avec toutes les solemnités en usage dans la maison Impériale. Ce dernier trait fit naître une plaisanterie assez ingénieuse : on osa dire dans le palais que si le père de Néron n'avait épousé qu'un Sporus, le bonheur du monde serait résulté de ce mariage.

Le corps de ce monſtre était flétri par toutes ſortes de proſtitutions. A en croire l'Hiſtorien des Céſars, il imagina une nouvelle ſorte de férocité voluptueuſe dont on n'avait point eu d'idée avant lui : il faiſait lier tout nuds à des poteaux des jeunes gens des deux ſexes, &, revêtu lui-même d'une peau de bête ſauvage, il feignait de ſortir de ſon repaire, s'élançait ſur ſes victimes, & il cherchait ſur leurs corps d'affreuſes jouiſſances ; quand ſes emportemens étaient aſſouvis, il terminait la ſcène en ſe proſtituant à ſon affranchi Doryphore ; car il l'avait épouſé auſſi bien que Sporus, & on prétend que, pour jouer ſon rôle de femme, la nuit de ſes noces il contrefit la voix plaintive d'une vierge à qui l'on fait violence.

Je donne le dernier coup de pinceau à un tableau odieux, ſur lequel, malgré la fidélité de l'Hiſtoire, la décence m'empêche de peſer, en rapportant, d'après Suétone, que Néron était perſuadé qu'il n'y a perſonne de chaſte, & que ceux qui paſſent pour tels, n'ont que beaucoup d'adreſſe à maſquer leur intempérance.

DÉSASTRES DANS L'ITALIE ET DANS LE RESTE DE L'EMPIRE. INCENDIE DE ROME.

JAMAIS règne ne fut plus fécond en désastres que celui de Néron. La nature & un despotisme destructeur, semblèrent réunir tous leurs fléaux pour punir cette ville superbe des maux qu'elle avait faits aux hommes par la conquête du monde.

La famine fut sur le point de se faire sentir dans Rome par la perte de trois cents vaisseaux chargés de bled, dont deux cents firent naufrage dans le port même, & le reste fut consumé par un incendie.

Une peste violente succéda aux allarmes sur la famine : les maisons étaient remplies de cadavres ; ni âge, ni rang, ni sexe ne fut épargné : on gagnait la contagion en fermant les yeux à son père ou à son épouse, & le progrès du mal était ſi rapide, que ſouvent ces victimes de la tendreſſe filiale ou conjugale étaient brûlées ſur le même bûcher. Ce fléau dura, dans ſon activité, pendant une automne entière, & ſuivant un calcul fait au temple de Vénus Libitine, qui était pour les Romains la déeſſe des funérailles, il emporta trente mille hommes.

Néron aimait à réſider dans ſes maiſons de plaiſance ſituées ſous le beau ciel de la Campanie, & la terre de cette contrée, comme ſi elle avait voulu vomir ce monſtre de ſon ſein, ſubit, pendant qu'il peſait ſur elle, un grand nombre de déſaſtres. La plaine fut ravagée par un ouragan affreux qui arracha les bleds, déracina les arbres & renverſa les édifices; du côté du Véſuve, il y eut un tremblement de terre qui renverſa la plus grande partie de la ville de Pompeya; pendant que les entrailles de cette région malheureuſe ſe déchiraient ainſi, un troupeau de ſix cents moutons qui paſſait ſur la croupe du Véſuve, fut étouffé, des ſtatues de marbre & d'airain ſe fendirent, & la malignité des exhalaiſons qui s'élevèrent, influa tellement ſur le cerveau de quelques Campaniens, qu'ils en perdirent la raiſon.

A ces malheurs, il faut joindre les dévaſtations exercées par les Barbares dans l'Empire : deux colonies Romaines furent ſaccagées dans la Grande-Bretagne, & l'ennemi y paſſa un grand nombre de Citoyens & d'alliés au fil de l'épée ; du côté de l'Orient les pertes furent encore plus ignominieuſes ; la Syrie fut ſur le point d'être démembrée par les Barbares, & pluſieurs légions paſsèrent ſous le joug en Arménie.

On ne voit pas qu'aucun de ces déſaſtres ait été réparé par Néron ; il n'en eſt pas de même de l'incendie de Lyon, la plus floriſſante des colonies Romaines dans les Gaules. Cette ville, dont la fondation remontait à peine à un ſiècle, mais qui dans cet intervalle était devenue l'entrepôt des richeſſes de l'Occident, fut consumée presque toute entière en une seule nuit par un horrible incendie. Néron, excité non par son cœur, mais par les murmures de la Gaule, accorda à Lyon, pour révivifier ses ruines, une gratification de quatre millions de sesterces.

Le plus grand désastre que l'Empire subit sous l'affreux gouvernement de Néron, fut l'incendie de Rome, & ce n'est point une nature marâtre qu'il dut en accuser, mais l'assassin d'Agrippine & de Britannicus; il ne manquait plus à ce monstre, pour que son nom devînt aux tyrans la plus cruelle des injures, que de devenir incendiaire, & il brûla lui-même sa patrie, la capitale du monde. Quelqu'un ayant cité dans la conversation cette imprécation grecque : *qu'après ma mort la terre entière soit embrâsée!* — *Non*, répondit Néron, *que ce soit de mon vivant;* & peu de temps après, arriva l'incendie de Rome avec une violence qu'on aurait à peine appréhendée dans une ville prise d'assaut.

Rome fut embrâſée le 19 juillet, propre jour auquel quatre ſiècles & demi auparavant elle avait été conſumée par Brennus. Néron ſe cacha ſi peu de la part qu'il eut à ce déſaſtre, que des Conſulaires trouvèrent dans leurs maiſons des ſatellites, avec des torches & des matières combuſtibles qui parlèrent avec tant d'audace, qu'on n'oſa les punir. Le tyran avait deſſein d'agrandir l'enceinte de ſon palais d'or; & comme il était borné par des greniers publics ſolidement conſtruits en pierres de taille, il eut l'inſolence de joindre au feu, des machines de guerre pour les abattre.

Néron était à Antium, quand l'incendie qu'il avait ordonné commença; il y reſta juſqu'à ce que les flammes menaçaſſent ſon palais : alors il vint à Rome, & monta ſur la tour de Mécène, pour ne rien perdre de l'affreux ſpectacle que ſa rage s'était procuré. Il ne pouvait, diſait-il, ſe laſſer d'admirer la flamme ondoyante qui enveloppait les ſept montagnes, ensuite prenant son habit de théatre, il se mit à chanter l'embrâsement de Troie.

L'incendie dura dans toute sa force, pendant six jours & sept nuits, & il ne s'éteignit que faute d'alimens, parce qu'à une extrémité de la ville on lui opposa un grand vuide, en abattant un nombre prodigieux d'édifices. Au bout de cet intervalle, on commença à respirer ; mais le feu se ralluma de nouveau, & dévora pendant quarante-huit heures toute l'ancienne ville, où étaient les maisons des vieux Généraux de la République, encore chargées des dépouilles des ennemis ; des temples majestueux bâtis, soit par les Rois de Rome, soit par les vainqueurs de Brennus & de Carthage, & une multitude de monumens vénérables qui restaient de l'antiquité. Ce fut dans les jardins de Tigellin que le feu reprit naissance, & cette circonstance acheva d'éclairer sur la main abominable d'où partait le désastre général ; mais quoique tout ce qui respirait l'air de la patrie se vît dans le cas de la défense naturelle, personne ne remua, & le Monarque incendiaire continua à jouer, du haut de sa tour, les peuples que sa rage mettait au désespoir.

On ne peut se faire une idée de la dévastation que Rome souffrit par ce double incendie; la Capitale du monde présenta quelque temps l'image d'une solitude immense; des quatorze quartiers qui la composoient, trois furent détruits comme si un conquérant y avait fait passer la charrue, & il y en eut sept qui ne présentèrent que les tristes vestiges de décombres amoncelés, & d'édifices sans appui, & encore noircis du feu de l'incendie. Parmi les monumens que les patriotes regrettèrent, on compte l'ancien palais des Césars, le grand autel qu'Evandre consacra à Hercule, la demeure vénérable de Numa, le temple de Jupiter Stator, & sur-tout celui de Vesta, qui renfermait les dieux pénates de la République.

Néron consolida d'une manière étrange son abominable brigandage. Pour ne rien perdre des dépouilles précieuses des Citoyens, il s'avisa de promettre qu'il ferait emporter à ses frais les cadavres & les décombres; &, sous ce prétexte, il ne permit à personne d'aller recueillir les débris de sa fortune : ensuite, il exigea des contributions dans l'Empire pour le rétablissement de sa Capitale, &, par ce moyen, il ruina également la ville & les provinces.

Cependant l'indignation publique commençait à percer de toutes parts. Néron, qui craignit que son Trône mobile ne fût renversé, substitua à sa place des victimes de la haine des peuples; il eut l'audace d'accuser les Chrétiens d'avoir embrâsé Rome pour y régner sur des déserts. Tacite lui-même, l'immortel Tacite, calomniant par patriotisme leur vertueuse misantropie, dit à ce sujet que *s'il ne fut pas aisé de convaincre ces sectaires du crime de l'incendie, il le fut du moins de les déclarer atteints de haine contre le genre humain* (*a*). D'après les imputations de Néron, qui seules devaient être pour les Chrétiens le garant de leur innocence, ces hommes paisibles furent arrêtés, & on leur fit subir les supplices recherchés, en usage dans l'Orient; les uns furent couverts de peaux de bêtes féroces, & abandonnés à des chiens qui les dévorèrent; d'autres furent attachés à des croix; il y en eut qu'on revêtit de tuniques enduites de soufre & de poix-résine, & qu'on fit brûler en manière de flambeaux, pour éclairer pendant les ténèbres. La plupart de ces infortunés avaient servi leur Prince avec valeur dans les expéditions contre les Barbares; &, comme le dit notre Sophocle, lions au combat, ils moururent en agneaux.

(*a*) *Haud perindè in crimine incendii quam odio humani generis convicti sunt.*

Rome, dans l'ordre politique, parut gagner à l'incendie, qui fut sur le point de l'anéantir. Le Gouvernement n'abandonna pas sa reconstruction à la fantaisie des particuliers : on l'assujettit à un plan général ; on régla la hauteur des édifices & les nouvelles rues furent alignées au cordeau. L'abominable tyran, qui avait réduit en cendres cette ville immense, voulait en faire une seconde Babylone, & lui donner son nom ; il se proposait aussi de prolonger son enceinte jusqu'à Ostie, où on ouvrirait un canal qui amenerait la mer jusques dans le cœur de la nouvelle Capitale. Heureusement pour la postérité des Scipions & des Paul-Emile, ces projets n'eurent point lieu : Rome resta Rome ; & pour que la Métropole du monde vît les flots de la mer baigner ses remparts, il fallut qu'un Constantin, quelques siècles après, la transferât au détroit des Dardanelles.

INSURRECTION MÉNAGÉE PAR PISON. SUPPLICE D'UNE PARTIE DE LA NOBLESSE.

IL y avait près d'onze ans que Néron jouiſſait en paix du fruit de ſes attentats, quand le complot généreux d'un Piſon vint lui apprendre que la tyrannie eſt un poignard à double tranchant qui réagit ſur le tyran après avoir agi ſur les victimes.

Piſon, dont le nom annonçait la haute nobleſſe, avait des mœurs douces, une éloquence inſinuante, & ce qui frappe encore plus la multitude, le port d'un Théſée & ſa phyſionomie. Subrius Flavius, Tribun d'une cohorte Prétorienne, & Sulpicius Aſper, Centurion, hommes magnanimes, qui, dans un ſiècle de fer, avaient l'ame des Brutus, à force de lui repréſenter les malheurs de l'Etat, lui firent ſentir la néceſſité d'une inſurrection,

& il ſe prêta d'autant plus volontiers à détrôner Néron, que par le rang qu'il tenait dans Rome, il devait naturellement lui ſuccéder. Le tyran était ſi univerſellement déteſté, qu'en peu de temps une foule de Citoyens de tout rang, de tout âge & de tout ſexe voulurent partager les périls de cette grande entrepriſe. Deux Sénateurs, Scévinus & Quintianus, démentirent la mauvaiſe opinion qu'on avait de leurs mœurs efféminées, en expoſant leur vie pour rendre Rome à elle-même; des hommes même, tels que Senecion, que le tyran comptait au nombre de ſes favoris, aimèrent mieux tomber avec la patrie, que régner avec lui.

On diſtinguait encore parmi les nobles aſſociés de Piſon, Fénius Rufus, un des Préfets du Prétoire, & Lateranus, Conſul déſigné, tous deux n'ayant aucun reſſentiment particulier contre Néron, & ne conſpirant que pour faire briller leur vertu.

Il s'en faut bien que l'Hiſtoire puiſſe rendre un témoignage auſſi honorable à Lucain. Ce Poëte avait eu la faibleſſe d'aduler baſſement Néron dans ſa Pharſale ; il avait été aſſez vil, pour dire que ſi la guerre civile était néceſſaire pour préparer les voies à l'avènement de ce monſtre, il fallait à ce prix remercier les Dieux des crimes & des déſaſtres qu'elle entraîne. Dans la ſuite, le tyran & le poëte ſe brouillèrent pour une frivole rivalité de talens, & le dernier, qui ſe crut dédaigné, ſe vengea d'abord par des épigrammes anonymes, & enſuite par l'épée : on eſt fâché de voir une querelle auſſi futile ſe mêler aux grands intérêts d'une cauſe qui intéreſſait le premier Empire du globe & l'humanité entière.

Le complot généreux contre Néron traîna plus de ſix mois, ce qui le fit échouer. Subrius, le plus intrépide des conjurés, propoſait de frapper le tyran ſur le théatre même où il déployait ſa voix à la manière des Hiſtrions. La multitude des ſpectateurs enflammait, dit Tacite, cette ame magnanime & amoureuſe de l'immortalité: mais on craignit un carnage, & ce parti héroïque, mais dangereux, fut rejetté.

On ouvrit dans la ſuite l'avis de maſſacrer Néron dans une maiſon de plaiſance de Piſon auprès de Bayes, où le tyran ſe rendait quelquefois ſans gardes, & débarraſſé de l'appareil de la toute-puiſſance. Piſon s'y oppoſa, alléguant l'odieuſe circonſtance des droits de l'hoſpitalité violée : il inſinua qu'il ſerait d'un patriotiſme bien plus noble de choiſir pour théatre de cet acte de juſtice mémorable le palais d'or, élevé ſur les ruines de Rome miſe en cendres, & orné des dépouilles de l'Univers. Le plan auquel on s'arrêta fut de tuer Néron aux Jeux du Cirque, qui ſe célébraient le douze avril en l'honneur de Cérès : ces Jeux étaient des eſpèces de Saturnales, où la gaîté & la licence facilitaient les accès auprès de la perſonne du Prince. Lateranus devait ouvrir cette ſcène tragique, en renverſant le tyran ; alors Scèvinus ſe chargeait de le frapper, & il deſtinait à cet uſage un poignard qu'il avait pris dans un temple du Capitole. On comptait terminer la révolution, en conduiſant Piſon au camp des Prétoriens pour lui faire déférer la pourpre Impériale, & on a cru qu'Antonia, fille de Claude, s'était laiſſée perſuader de faire revivre ſes droits au Trône, en promettant d'épouſer le nouveau Céſar.

Parmi les aſſociés obſcurs de cette grande entrepriſe, ſe trouvait une eſpèce de courtiſane nommée Epicharis, qui, malgré la licence de ſes mœurs, avait un grand caractère. Flatée de rendre par elle-même un ſervice ſignalé aux auteurs de la révolution, elle tenta de corrompre les principaux Officiers de la flotte de Misène : mais l'un d'eux la trahit, & quoiqu'elle n'eût donné que des indices très-vagues ſur le péril qui menaçait le Prince, on la jetta dans le fond d'un cachot.

La veille des Jeux du Cirque, Scévinus, qui pressentit le succès sinistre qu'aurait son courage, fit son testament, donna la liberté à une partie de ses esclaves, de l'argent aux autres, & ordonna à Milichus, un de ses affranchis, d'aiguiser la pointe du poignard qu'il avait enlevé au Capitole. Ce Milichus, qui ne croyait pas que son maître aspirât à la gloire du suicide, rassemblant plusieurs de ses propos indiscrets, dont jusqu'alors il n'avait pas pénétré le sens, devina une partie du complot; & le lendemain, dès la pointe du jour, il alla en instruire Néron. A l'instant Scévinus est enlevé: on arrêta aussi Natalis, avec qui ce conjuré avait eu une longue conférence avant de faire son testament, & comme leurs réponses ne se trouvèrent pas conformes, le tyran ordonna qu'ils seraient mis à la question: l'appareil de la torture les effraya, & ils donnèrent chacun une liste des conjurés. Natalis y inséra le nom de Sénèque pour faire sa cour au monstre, qui cherchait depuis long-temps un prétexte pour commettre le dernier de ses parricides.

Au milieu de tous ces mouvemens, Néron se souvint d'Epicharis, & voulut qu'elle subît à son tour la question la plus rigoureuse ; il ne douta pas qu'une courtisane ne succombât où un Natalis & un Scévinus avaient succombé : il se trompait. Cette courtisane était une Romaine du siècle des Lucrèce & des Clélie ; ni les chevalets, ni les torches embrasées ne purent arracher d'elle un seul mot qui pût nuire à l'insurrection. Le lendemain on voulut la remettre à la torture, & on la reporta à l'échafaud sur une chaise ; car ses membres étaient si disloqués, qu'elle ne pouvait faire un pas. L'héroïne, pour se dérober à de nouveaux tourmens, prit un voile qu'elle avait autour de son col, y forma un nœud coulant, l'attacha au dos de sa chaise & s'y étrangla.

Dans l'intervalle de la dénonciation

de Milichus & du ſupplice d'Epicharis, des amis de Piſon, vinrent le trouver, & le ſollicitèrent de ſe rendre au camp des Prétoriens, ou de monter à la tribune aux harangues pour tenter de ſoulever la multitude; mais ce Romain, de mœurs douces, & d'un ſiècle dégénéré, n'eut que le demi-courage d'attendre la mort avec une ſorte de ſérénité. Pendant que les ſoldats inveſtiſſaient ſa maiſon, il ſe fit ouvrir les veines: on trouva après ſa mort un teſtament, dans lequel, pour ne pas entraîner ſa femme dans ſa ruine, il fatiguait, par des adulations ſerviles, le tyran auquel il n'avait tenu qu'à lui de ſuccéder.

Lateranus, le Conſul délégué, fut traité avec plus de rigueur que Piſon: on ne lui laiſſa point le choix du genre de mort, & on le traîna ſous la roche Tarpeyenne, lieu du ſupplice des eſclaves, où il eut la tête tranchée de la main du Tribun Statius, qui était un des conjurés. L'infortuné garda un ſilence généreux,

& ne reprocha point au Tribun de le frapper pour un délit dont il était lui-même le complice.

Aux premiers indices de la conjuration, Néron tremblant avait doublé ſa garde, & pris des précautions extraordinaires pour ſa ſûreté. La ville était pleine de ſoldats ſous les armes : on avait poſté, par ſon ordre, des ſentinelles aux portes, aux remparts, ſur le Tibre, & le long des rivages de la mer. A chaque inſtant, on amenait des accuſés chargés de chaînes, & on les entaſſait aux portes du palais, juſqu'à ce que l'affreux Tigellin vînt les interroger. Fenius Rufus, le collègue de ce favori, fatiguait ces malheureux de ſes ſophiſmes, & il ſe montrait cruel envers ſes amis pour voiler ſon intelligence. Le brave Subrius, l'ame de toute l'intrigue en faveur de la liberté, était contraint, en qualité de Tribun des cohortes Prétoriennes, d'aſſiſter à l'inſtruction du procès : il y eut un moment où ſon ame républicaine s'exaltant, il demanda ſecrètement à ſon Préfet la permiſſion d'aller frapper le tyran : déjà il portait la main ſur la garde de ſon épée, lorſqu'un ſigne d'improbation que lui donna le faible Préfet retint ſon ardeur; par une contradiction étrange, il manqua à la patrie pour ne pas manquer à la diſcipline.

Cependant la faibleſſe de Fenius ne fut pour ſa sûreté qu'une vaine ſauvegarde; ſon acharnement à tourmenter ſes complices mit à bout la patience des conjurés, ils le nommèrent, & Néron donna ordre à l'inſtant à un ſoldat vigoureux de ſe ſaiſir de ſa perſonne, & de le mettre dans les chaînes.

Subrius, de ſon côté, n'échappa pas à ſa deſtinée; quand il vit ſon nom ſur la liſte des conſpirateurs, il ne parut point déconcerté; il ſe défendit en diſant qu'un homme de guerre tel que lui ne pouvait s'aſſocier, dans la plus dangereuſe des entrepriſes, des Sybarites, tels que les Scévinus & les Senecion; & comme cette apologie ne persuadait personne, il eut la grandeur d'ame de tout avouer; quand Néron, outré, lui demanda pourquoi il avait trahi ses sermens : *aucun de tes soldats*, répondit-il, *ne t'a été plus fidèle tant que tu as mérité d'être aimé; j'ai commencé à te haïr quand je t'ai vu cocher, bateleur, incendiaire & parricide.* Rien, dans toute l'affaire de la conjuration, ne choqua plus le tyran que ces vérités hardies. Ce monstre, dit Tacite, était aussi accoutumé à commettre des crimes, que peu fait à se les entendre reprocher. Subrius, quand il fallut mourir, ne démentit point sa constance; l'exécuteur lui ayant dit de présenter sa tête avec fermeté : *puisse-tu*, répondit le Héros républicain, *en mettre autant à me frapper!*

Le Centurion Asper prit son Tribun pour modèle; quand Néron lui demanda pourquoi il avait conspiré, il répondit que c'était l'unique moyen de mettre fin à ses forfaits, & sans attendre qu'on lui lût ſon arrêt, il marcha au lieu de ſon ſupplice.

Le tyran, qui connaiſſait la haine violente que le Conſul Veſtinus lui portait, s'attendait à chaque inſtant qu'il ſerait accuſé : mais perſonne ne le nomma; ſon arrêt de mort n'en fut pas moins prononcé; le Phalaris de Rome prétexta que ſa maiſon, qui dominait ſur la place, était une eſpèce de citadelle, & il le força à ſe faire ouvrir les veines.

Lucain n'était pas moins odieux au tyran que Veſtinus : auſſi ne tarda-t-il pas à être ſa victime; en vain le lâche Poëte dénonça-t-il ſa mère pour flatter la cruauté de Néron; il déshonora ſa mémoire, ſans pouvoir conſerver ſa vie; pendant que ſon ſang coulait, tout entier à ſa verve poétique, il s'occupa à déclamer des vers de ſa Pharſale, qui exprimaient ſon genre de ſupplice.

Les autres conjurés, à l'exception de Natalis & de Proculus, qui obtinrent leur grace pour prix de la lâcheté avec laquelle ils avaient dénoncé leurs complices, furent mis à mort. Scévinus & Senecion périrent avec plus de courage que ne promettait une vie à demi éteinte dans l'yvreſſe des voluptés. Le Tribun Granius, quoique abſous par le tyran, ne voulut pas ſurvivre aux derniers des Romains, & il ſe perça de ſon épée.

La rage du tyran ne fut pas éteinte par le ſupplice des conjurés; les enfans des Citoyens qu'il avait condamnés furent bannis de Rome, & périrent de faim ou par le poiſon; il y en eut, ſuivant l'Hiſtorien des Céſars, qu'on fit mourir dans le même repas avec leurs précepteurs & leurs eſclaves; il s'en trouva d'autres à qui on refuſa juſqu'à l'affreuſe liberté de mandier leur pain.

MORT DE SÉNÈQUE.

NÉRON avait empoiſonné ſon frère & ſa tante, aſſaſſiné ſa mère, embrâſé ſa patrie; mais il lui manquait encore un crime, celui de faire périr ſon vertueux inſtituteur, le Sage ſans lequel il aurait été cinq ans plutôt l'exécration du monde.

Sénèque n'était point entré dans la conſpiration de Piſon; mais, dit Tacite, notre guide unique, le tyran fut ravi d'avoir un prétexte de s'en délivrer par le fer, ayant manqué le poiſon. Natalis, quelqu'envie qu'il eût de faire ſa cour à Néron, ne put dépoſer autre choſe contre le Philoſophe, ſinon qu'il avait refuſé de ſe lier avec Piſon, parce que leur amitié pouvait être empoiſonnée. Cependant une tradition que l'illuſtre Hiſtorien eſt loin de garantir, ſuppoſe que, dans un conſeil tenu ſecret avec les Centurions, & dont

Sénèque avait eu connaiſſance, Subrius, l'ame de la conjuration, avait décidé qu'après s'être défait de Néron par les mains de Piſon, ils ſe déferaient de Piſon même, & donnerait l'Empire au Philoſophe *digne du Trône* (ce ſont les termes de Tacite) *par l'éclat de ſes vertus.* Le mot même de Subrius à cet égard s'était conſervé; comme Piſon, pour juſtifier le tyran qui jouait des inſtrumens ſur le théatre de Rome, avait eu la faibleſſe d'y jouer la tragédie : *non*, avait dit l'intrépide Tribun, *l'Empire ſerait trop avili, ſi en chaſſant du Trône un joueur de harpe, on lui donnait pour ſucceſſeur un comédien.*

Quoi qu'il en ſoit de cette anecdote, il eſt certain que Néron n'en fut pas inſtruit, & qu'il ne condamna Sénèque à mort que ſur la vague dépoſition de Natalis, ou plutôt pour aſſouvir ſa férocité. Ce fut le Tribun Granius, l'un des conjurés, qui fut chargé d'être l'inſtrument de la tyrannie. Le Philoſophe, ce jour-là, était dans une maiſon de plaiſance qu'il avait à quatre milles de Rome, & il ſoupait tranquillement avec Pauline ſon épouſe & deux amis, quand le Tribun arriva ; il n'eut pas de peine à ſe juſtifier de la vague dépoſition de Natalis, ſurtout devant un Officier qui était ſi intéreſſé à le trouver innocent. Néron était avec Poppée & l'infâme Tigellin, quand Granius vint faire ſon rapport ; le monſtre écouta en ſilence l'apologie de Sénèque, & demanda enſuite froidement s'il faiſait les apprêts de ſa mort. Le Tribun répondit qu'il n'avait remarqué ni terreur dans ſes diſcours, ni triſteſſe ſur ſon viſage : *eh bien, retourne ſur tes pas,* ajoute Néron, *& ſignifie lui de ma part qu'il faut mourir.*

Granius prit une autre route, & alla demander à Fenius, ſon Préfet, s'il fallait obéir : celui-ci n'avait pas encore été dénoncé, & il lui conſeilla de ſacrifier ſes complices à ſa ſûreté ; tant une lâcheté fatale glaçait tous les courages ! tant on s'inquiétait peu de grossir les crimes qu'on avait juré de punir ! Cependant le Tribun n'osa soutenir les regards du Philosophe, & il lui fit prononcer sa sentence de mort par un Centurion.

Sénèque, sans se troubler, demande à finir son testament ; & sur le refus de l'Officier, se retournant vers ses amis, plein de cette noble fierté, qui n'humilie personne, dans la bouche d'un Sage qui va mourir : *puisqu'on ne me permet pas*, dit-il, *d'être reconnaissant, je vous laisserai toujours un legs précieux que la tyrannie ne peut m'envier, l'exemple de ma vie.* Tout le monde fondait en larmes ; le Philosophe eut le courage de les consoler, il leur représenta qu'ils auraient dû pressentir depuis long-temps l'évènement sinistre dont ils gémissaient, & que le sang d'un Sénèque n'était pas fait pour être respecté par l'assassin d'Agrippine & de Britannicus ; ensuite il embrassa son épouse éperdue, la conjura de modérer l'excès de sa douleur, & de chercher dans le ſouvenir de quelque bien que ſon époux avait fait à la patrie, un ſoulagement honorable au malheur de le perdre. Pauline répondit qu'elle voulait mourir, & le Sage, qui craignait de laiſſer l'héroïne en proie à la perverſité de ſes contemporains, ne voulut pas lui dérober ce qu'il appellait l'honneur du ſuicide : *ma chère Pauline*, dit-il, *je t'ai montré ce qui pouvait adoucir les amertumes de ta vie ; tu préfères de ne pas me ſurvivre, je ne t'envierai point une fin honorable. Périſſons l'un & l'autre avec un courage égal, & toi avec une gloire à laquelle je ne puis atteindre.* Auſſi-tôt ils s'embraſſent, appellent l'exécuteur, & ſe font en même temps ouvrir les veines.

La mort par l'hémorragie eſt lente, ſur-tout dans un vieillard, uſé d'ailleurs par le régime le plus auſtère : les veines s'affaiſſent à meſure qu'elles ſe vuident, & l'effuſion du ſang eſt ſuſpendue. Sénèque, qui ſouffrait mille morts ſans pouvoir mourir, ſe fait couper les veines des jarrets & des jambes ; mais de peur que le ſpectacle de ſon agonie douloureuſe ne briſât l'ame de Pauline, ou que celui de Pauline mourante n'arrachât de ſes entrailles un cri d'impatience, il perſuada à l'héroïne de ſe retirer dans un autre appartement ; alors il appella des ſecrétaires, & inſpiré par ſon éloquence, dont le feu ſe fit ſentir juſqu'à ce que ſon dernier ſoupir fût ſur le point de s'exhaler, il leur dicta cette eſpèce d'appel à la poſtérité, *ſi connu*, dit Tacite, *& auquel je m'abſtiens de toucher.* La réſerve reſpectueuſe de cet Hiſtorien nous a fait perdre ce monument de génie qui nous aurait ſervi à comparer la fin de Sénèque avec celle de Socrate.

Néron n'avait contre Pauline aucune haine perſonnelle, & il ſe laiſſa perſuader d'empêcher ſa mort, qui aurait rendu ſa férocité trop odieuſe ; des ſoldats vont, par ſon ordre, preſſer les eſclaves de l'héroïne d'étancher ſon ſang, & de fermer ſes bleſſures. On la ramena donc à l'existence, lorsqu'elle commençait à en perdre le sentiment : elle vécut encore quelques années, conservant avec honneur la mémoire de son époux, & montrant, par la pâleur de ses membres & de son visage, combien le principe de la vie s'était éteint en elle.

Cependant le Philosophe, dont le dernier soupir était toujours suspendu par la lenteur de l'effusion, se fit apporter, par son Médecin, un poison qu'il gardait depuis long-temps, & avec lequel on faisait mourir les criminels dans Athènes : il est probable que c'était la fameuse ciguë de Socrate ; il avala la coupe, mais en vain. Ses membres refroidis, étaient fermés à l'activité du venin : enfin il entra dans un bain chaud, & jettant de l'eau sur ses esclaves, il dit qu'il faisait des libations à Jupiter Libérateur ; il survécut peu à cet acte de religion, & la vapeur de l'étuve l'étouffa.

A peine Sénèque avait-il exhalé les

reſtes de ſa vie infortunée, qu'on le porta ſur un bûcher, où il fut brûlé ſans pompe, ainſi qu'il l'avait recommandé dans ſon teſtament, & ce teſtament, comme les Hiſtoriens l'obſervent, était écrit dans les jours de ſa grande puiſſance, & lorſqu'il jouiſſait d'une fortune de quarante millions.

Sénèque était, comme nous l'avons vu, originaire de l'Eſpagne, & on trouve encore dans cette contrée des monumens élevés à ſa mémoire : on montre auſſi à Cordoue les décombres d'une petite maiſon & d'une métairie que ce grand homme avait poſſédées. « On s'arrête avec reſpect, dit l'Hiſ» torien éloquent de Sénèque, à l'entrée » de la chaumière de l'inſtituteur : on » recule d'horreur devant les ruines » du palais de l'élève ; la curioſité du » voyageur eſt la même, mais les ſen» timens qu'il éprouve ſont bien diffé» rens : ici il voit l'image de la vertu ; » dans cet endroit, il erre au milieu

» des ſpectres du crime ; il maudit le
» tyran, il plaint & bénit le Philo-
» ſophe ».

FIN TRAGIQUE DU VERTUEUX THRASÉA. DERNIERS TRAITS DE FÉROCITÉ QUI AMÈNENT LA RÉVOLUTION.

NÉRON, après le meurtre de tant de personnages illustres, résolut encore, dit Tacite, de faire périr la vertu même dans la personne de Thraséa ; il se persuadait avec d'autant plus de vraisemblance qu'il en était haï, qu'il sentait bien qu'un homme de bien ne pouvait l'aimer, & pour n'avoir pas, dans l'exemple de ses mœurs, une critique muette, mais éloquente de ses désordres, il proscrivit sa tête.

Thraséa avait une grande autorité dans le Sénat, tout avili qu'il était par la tyrannie. On avait les yeux fixés sur ses démarches, on recueillait ses discours comme des oracles, & malgré la contrainte où le tenait la présence de Néron, il s'était imposé la loi de ne jamais se permettre un avis dans la compagnie qui pût, dans les siècles à naître, déshonorer sa mémoire.

Au temps du meurtre d'Agrippine, son assassin ayant écrit au Sénat pour justifier son parricide, Thraséa, à la lecture de cette abominable apologie, se leva avec une noble indignation, & sortit du Sénat; on lui représenta le danger d'une pareille démarche : *eh bien*, dit le Sage avec son stoïcisme ordinaire, *Néron peut me tuer, mais il ne peut me faire de mal.*

Le tyran, après avoir dissimulé quelque temps sa haine, la fit éclater avec violence ; à l'époque de la naissance de la fille qu'il eut de Poppée, le Sénat s'étant rendu en foule à Antium où il résidait alors, Thraséa eut seul défense de paraître devant lui. Le Philosophe reçut avec sérénité cette marque éclatante de disgrace qui semblait lui annoncer sa proscription ; cependant Néron occupé d'autres attentats, le laissa encore vivre quelques années, & sa gloire s'accrut par le péril qu'il avait à courir, & par ceux auxquels il avait échappé.

Après le supplice de Sénèque, Thraséa ne songea plus qu'à mourir. Cossutianus, un des plus vils délateurs de son siècle, ne le fit pas languir dans son attente cruelle; il l'accusa, en plein Sénat, de se faire un parti dans Rome, comme Caton contre Jules-César, de nier la divinité de Poppée, & de ne point jurer sur les actes d'Auguste. C'était le temps du couronnement de Tiridate; pendant que la ville entière accourait en foule pour jouir de ce spectacle, Thraséa reçut ordre du Gouvernement de rester dans sa maison. A l'instant il écrit au tyran pour savoir le motif de sa proscription. Néron ouvrit la lettre avec empressement, se flattant que dans un moment de terreur le Sage aurait laissé échapper quelque trait d'adulation qui ferait une tache à sa gloire; mais voyant son espérance trompée, il s'abandonna à toute sa fureur jalouſe, & voulut qu'on inſtruisît, avec l'appareil le plus terrible, le procès du Philoſophe.

Les amis de Thraſéa lui conſeillèrent d'aller lui-même au Sénat, faire entendre ſon apologie ; ils lui dirent qu'il ne convenait qu'à des hommes faibles & timides d'envelopper dans l'obſcurité leurs derniers momens ; que Rome verrait avec enthouſiaſme un homme vertueux allant au-devant de la mort, & que la poſtérité ſaurait diſtinguer une fin ſi glorieuſe de celle de tant de lâches égorgés en ſilence ; cependant la crainte que la fureur du tyran ne s'étendît ſur une épouſe chérie, & ſur des enfans qui voulaient lui fermer les yeux, l'empêcha de ſe rendre aux inſtances de ſes amis, & il prit le parti de ne pas comparaître.

Le lendemain, deux cohortes Prétoriennes ſous les armes entourèrent le temple de Vénus, où ce procès mémorable devait être inſtruit ; on diſperſa des ſoldats dans la place publique & dans les rues adjacentes, & ce fut au milieu de tous ces visages menaçans que les Sénateurs s'assemblèrent.

Le Questeur de Néron ouvrit la séance en dénonçant à la compagnie, mais d'une manière indirecte, sa victime; alors Cossatianus & l'Orateur Eprius Marcellus, homme également vendu à la tyrannie, firent tonner contre Thraséa leur éloquence incendiaire; ils associèrent à ses crimes prétendus, & à ses dangers, Helvidius son gendre, Soranus, le plus vertueux de ses amis, & jusqu'à Servilie, la fille de Soranus, dont le crime était d'avoir vendu son collier & ses présens de noces, pour en employer l'argent à des opérations magiques destinées à écarter de la tête de son père l'orage qui le menaçait; Servilie n'avait que vingt ans, & il fallait avoir un cœur de bronze pour ne pas pardonner à sa superstition en faveur de sa sensibilité.

Thraséa, Soranus & Servilie, eurent le choix de leur mort. Helvidius ne fut qu'exilé; & quand toutes les sentences de ces fameux proscrits furent prononcées, le Sénat, suivant l'usage, remercia le ciel du crime heureux de Néron, & le Gouvernement récompensa les abominables délateurs de ses victimes par des sommes d'argent énormes, & par les ornemens de la Questure.

Dès le soir même, le Consul envoya son Questeur à Thraséa pour l'instruire du décret du Sénat. Ce fameux Romain était en ce moment dans ses jardins entouré de Citoyens du premier rang, de femmes de la plus haute naissance & de Philosophes. L'entretien roulait sur la séparation des deux substances dont l'homme est formé, & Thraséa dissertait sur cette matière avec ce front calme qui annonce une ame dont aucun nuage ne trouble la sérénité. A l'approche du Questeur, l'allarme se répand; des cris de douleur se font entendre: Thraséa seul intrépide, prie ses amis de se retirer, afin de ne point ajouter à son malheur le ſpectacle de leur péril; & comme Arria ſon épouſe voulait, à l'exemple de l'héroïne ſa mère, ſuivre ſon mari au tombeau, il la conjura de ce ton pathétique, que l'ame ſenſible peut ſeule entendre & apprécier, de ſe conſerver pour une fille unique, & de ne pas la priver du ſeul bien qui pouvait déſormais lui faire chérir l'exiſtence.

Il s'avance juſqu'à la galerie, s'entretient avec le Queſteur comme avec un étranger qui vient lui rendre viſite, & témoigne quelque joie d'apprendre que Néron n'a fait condamner qu'à l'exil ſon gendre Helvidius; enſuite, il ſe fait ouvrir les veines. Comme le Queſteur ſe retirait, il le prie d'approcher: *jeune homme*, dit-il, *vois ce ſang qui coule, & dont j'offre une partie en libation à Jupiter libérateur; ce préſage eſt ſiniſtre ſans doute, mais tu es né dans un ſiècle où le courage a beſoin d'être ſoutenu par de grands exemples de fermeté* (*a*).

(*a*) C'eſt à ce mot de Thraſéa que ſe ter-

Thraſéa laiſſa un grand nom. Pline le jeune, Tacite, & tous les Ecrivains de Rome dans ſa décadence, qui ont réchauffé de leur génie la flamme expirante de la vertu, ne tariſſent point ſur ſon éloge : c'était d'ailleurs un Citoyen des mœurs les plus douces, qui, auſtère pour lui-même, ſe montrait plein d'indulgence pour les autres : *haïr les faibleſſes des hommes*, diſait-il quelquefois, *c'eſt haïr les hommes mêmes*; mot plein de ſens, qui n'en eſt pas moins la baſe de toute légiſlation ſociale, quoique la farouche vertu de Caton ne l'eût jamais prononcé.

Deux hommes de lettres parurent entraînés dans la chûte de Thraſéa; Mon-

minent les annales de Tacite : nous avons perdu la ſuite de ſon ſeizième livre, qui renfermait la fin du règne de Néron; & ce qui nous reſte à glaner parmi les autres Ecrivains de l'antiquité, n'eſt fait que pour nous faire regretter la perte du plus beau génie qui ait jamais écrit l'Hiſtoire.

tanus, jeune Poëte, dont les ouvrages républicains annonçaient, soit le talent, soit le bon usage du talent, & le Philosophe Cornutus, le maître de Lucain & de Perse. Ce dernier cependant, quoique ami de Thraséa, ne fut point impliqué dans son procès. Une cause bien étrange amena sa proscription : Néron, dans une de ses orgies, s'était mis dans la tête d'écrire en vers toute l'Histoire Romaine, & avant de commencer, il délibérait sur l'étendue qu'il donnerait à son ouvrage. Un courtisan lui conseilla de mettre quatre cents chants à ce poëme : *quatre cents, c'est beaucoup*, dit Cornutus, *personne n'aura le courage de les lire*. Sur ce mot, le Philosophe fut envoyé en exil; Montanus, que les délateurs avaient déclaré non pas l'ami, mais le complice de Thraséa, aurait été obligé, comme lui, de se faire couper les veines, si Néron, qui ne le craignait pas, n'avait accordé sa grace aux larmes de son père; mais il le nota d'infâmie, en le déclarant inhabile à poſſéder déſormais aucune magiſtrature.

Dans ce temps-là, dit l'Hiſtorien des Céſars, on vit briller, pluſieurs nuits, ſur l'horiſon une de ces comètes qui, ſuivant le préjugé vulgaire, annoncent de grands déſaſtres aux puiſſances. Néron, ſuperſtitieux comme tous les tyrans, en fut allarmé; mais inſtruit par un aſtrologue qu'alors les Rois faiſaient des expiations en immolant des victimes illuſtres, & faiſaient ainſi retomber ſur la tête des grands les malheurs qui menaçaient le Trône, il réſolut d'exterminer la nobleſſe de Rome, qu'il n'avait pu réuſſir à faire périr dans ſon incendie.

Il y avait à cette époque une eſpèce de Cannibale venu d'Egypte, qui était exercé à manger de la chair crue: on prétend que Néron eut la penſée de lui préſenter des hommes vivans pour les mettre en pièces, & les dévorer; c'eût été un ſpectacle digne de ſa rage, qu'un Conſul revêtu de ſa pourpre, qui aurait expiré lentement ſous la dent ſanglante d'un antropophage ; tout homme revêtu d'une magiſtrature, tout membre du Sénat lui était odieux. Un Vatinius, eſpèce de bouffon de Cour, qui portait un nom ſignalé par l'opprobre dès le temps de la République, envenimait encore, par ſon cyniſme & ſes calomnies, ſa haine contre le premier ordre de l'Etat: *je te haïs Céſar*, lui diſait-il, *parce que tu es Sénateur*, & il ſe rendait cher au tyran par cet horrible langage.

Enfin Néron enflé du ſuccès de ſes longs attentats, ceſſa de diſſimuler ; il déclara aſſez ouvertement que ſon plan était d'exterminer l'ordre entier du Sénat, & de ſe ſervir des Chevaliers Romains pour le gouvernement des provinces & le commandement des armées. De ce moment, il n'embraſſa plus aucun Sénateur, ni même ne lui rendit le ſalut. En prenant les auſpices avant de faire percer l'iſthme de Corinthe, il ſupprima dans ſa prière le Sénat, & ſe contenta de demander aux Dieux que l'entreprise réussît au peuple de Rome & à la maison des Césars.

RÉVOLTE DE VINDEX.

ENFIN, dit l'Hiſtorien des Céſars, après avoir ſouffert une tyrannie de près de quatorze ans, le monde ſe laſſa d'obéir à un monſtre ; l'ordre des gens de guerre ſe ſouleva, & la maiſon des Céſars fut renverſée.

Cependant les premières tentatives de Rome, pour briſer ſes fers, ne firent que les appeſantir davantage. Corbulon, le vainqueur des Parthes, & le ſeul des Généraux qui ſoutînt à cette époque la gloire de l'Empire en Aſie, était appellé au Trône par les vœux ſecrets de ſes Concitoyens. Néron s'en défia, & lui écrivit, pour le faire venir à Rome, une lettre pleine de perfidie, où il l'appellait ſon bienfaiteur & ſon père. Le guerrier, qui avait toute la franchiſe de ſon état, fut la dupe de ce ſtratagême de Cour ; il quitta ſes légions : mais à peine était-il arrivé devant Corynthe, qu'un ſatellite du tyran lui ſignifia l'ordre de mourir : *je l'ai bien mérité*, dit l'infortuné, &, prenant ſon épée, il ſe l'enfonça dans le milieu du corps.

Le premier ſignal de la révolution fut donné dans les Gaules par Vindex, qui gouvernait alors cette province en qualité de Lieutenant du Préteur. Vindex, Gaulois d'origine, était iſſu des anciens Rois d'Aquitaine, & il ne tenait à l'Empire Romain que par ſon père, que Claude avait fait Sénateur ; il ſe décida, par l'horreur ſeule que les crimes de Néron lui inſpiraient, à rendre la liberté à la patrie ; & quand il vit la jeuneſſe des Eduens, des Arverniens & des Séquanais ſous ſes drapeaux, il parla en maître aux Magiſtrats de Rome & aux Gouverneurs des provinces.

Néron apprit la révolte de Vindex l'anniverſaire du jour même où il avait fait aſſaſſiner ſa mère ; cependant il n'en parut que faiblement ému. Après quelques heures de réflexion, il s'en applaudit comme d'un évènement qui lui procurait un prétexte légitime pour dépouiller la plus opulente des provinces : il passâ huit jours entiers sans donner d'ordre pour la sûreté de son Trône ; il croyait, par son silence obstiné, dit Suétone, dissiper l'orage qui menaçait sa tête.

Cependant les manifestes sanglans de Vindex le tirèrent peu-à-peu de sa léthargie ; ce qui l'irritait le plus dans ces libelles audacieux, c'était de s'y voir appellé un mauvais joueur de harpe ; il ne concevait pas qu'on pût l'accuser d'ignorer un art qui lui avait valu tant d'applaudissemens sur les théatres de Rome, & il demandait à chacun de ses courtisans s'ils connaissaient un meilleur Musicien que lui dans l'Empire.

Cependant les nouvelles sur la défection des Gaules devenaient de jour en jour plus allarmantes. Néron, inquiet, prit le parti de revenir à Rome : en chemin, un présage frivole contribua à le rasſurer; il remarqua, ſur un monument ancien, la repréſentation d'un Gaulois vaincu par un cavalier Romain qui le traînait par les cheveux; à cette vue, il ſauta de joie, & quoiqu'il ne reconnût guères d'autre Dieu que lui-même, il parut adorer le ciel, qui ſemblait le protéger. Ranimé par cet eſpoir ſuperſtitieux, en entrant dans la ville il ne convoqua ni le Sénat ni le peuple, il ſe contenta de mander au palais quelques-uns des principaux Citoyens, & après une délibération précipitée, il paſſa le reſte du jour à leur montrer des orgues de nouvelle invention que l'eau faiſait jouer; il s'étendit fort au long ſur le méchaniſme de cet inſtrument, & ajouta que ſi Vindex le lui permettait, il le produirait ſur le théatre.

Les rebelles ne lui en laiſſèrent pas le temps: on apprit à Rome qu'ils ſe mettaient en marche; alors le tyran, pour donner quelque ſigne de vigueur, mit à prix la tête de Vindex. Cet acte de vengeance n'effraya point celui qui en était l'objet : *Néron*, dit-il, *promet dix millions de sesterces à qui me tuera, & moi je promets ma tête à qui m'apportera celle de Néron.*

Vindex, sans Virginius, venait s'asseoir sur le Trône des Césars. Virginius, l'homme le plus vertueux de l'Empire, commandait à cette époque les légions Romaines dans la haute Germanie ; il trouva du plus dangereux exemple, que les descendans de Brennus, Barbares à peine civilisés, entreprissent de donner un Empereur à cette Rome, que leurs ayeux avaient mise en cendres, & sans approuver la tyrannie de Néron, il marcha contre Vindex, uniquement pour venger l'attentat des Gaulois contre la Majesté de la République.

La campagne s'ouvrit par le siège de Besançon. Vindex accourut au secours de la place ; mais avant que de commencer lui-même les hostilités, il voulut entrer en conférence avec Virginius : les deux

Généraux ſe virent en effet, & le tableau que fit le rebelle de l'oppreſſion que ſouffrait le monde fut ſi pathétique, que Virginius conſentit de s'unir avec les Gaulois qu'il venait combattre, pour renverſer d'un ſeul coup le tyran & la tyrannie. D'après cet accord, Vindex ſe fit ouvrir les portes de Beſançon; mais comme les légions Romaines n'étaient point inſtruites du traité, ſoupçonnant que les Gaulois venaient les attaquer, emportées par la haine héréditaire entre les deux nations, elles ſe jettèrent ſur eux avec furie. Les Généraux vinrent, & ne purent ſéparer les combattans: l'action ne ſe termina que par la défaite entière d'un des deux partis; vingt mille Gaulois demeurèrent ſur la place, & Vindex, au déſeſpoir, ſe tua de ſa propre main ſur le champ de bataille.

Il ne tint alors qu'à Virginius de fonder une nouvelle dynaſtie des Céſars. Les légions victorieuſes de Vindex, après avoir foulé aux pieds les images de Néron, déférèrent par des acclamations redoublées à leur Général, tous les titres de la ſuprême puiſſance. Virginius s'oppoſa avec force à un zèle qui tendait à faire ſoupçonner ſa vertu; il déclara hautement que ce n'était point à des ſoldats, mais au Sénat & au peuple Romain à diſpoſer de l'Empire. L'armée mécontente d'un refus auſſi généreux, parce que la race des vrais Romains était anéantie, menaça tantôt de retourner à l'obéiſſance de Néron, tantôt de ſe ranger ſous les drapeaux de Galba, qui commençait à avoir un grand parti dans l'Empire; mais le héros guerrier rompit toutes les meſures des légions: ennemi par humanité du dernier des Céſars, indifférent pour des Empereurs qui n'avaient été faits que par leurs ſoldats, il ne montra du zèle & de la fidélité que pour la République.

GUERRE CIVILE ALLUMÉE PAR GALBA. SA PROCLAMATION A L'EMPIRE.

GALBA tint au monde opprimé ce que Vindex lui avait promis; il lui donna un vengeur. Ce Général était de la maison Sulpicia, une des plus illuſtres de Rome République, & il deſcendait, par ſa mère, de Mummius, le vainqueur de Corynthe; il était né dix-huit ans avant la mort d'Auguſte, & fut Conſul ſous Tibère. On a obſervé comme une biſarrerie d'évènemens, qui tenait aux prophéties, qu'il ſuccéda dans le Conſulat au père de Néron, ſon prédéceſſeur, à l'Empire, & qu'il fut remplacé par le père d'Othon, qui régna après lui. Sénèque, attentif pendant un miniſtère trop court à placer le mérite & le talent, lui fit donner le gouvernement de la Tarragonaiſe, & il faiſait reſpecter le nom des Céſars dans cette partie de l'Eſpagne, quand la défection des Gaules fit preſſentir une révolution dans l'Empire.

Galba, en ce moment, joua un rôle bien brillant dans le monde Romain; il ſe vit ſollicité à-la-fois par Néron de marcher contre Vindex, & par Vindex de ſe joindre à lui contre Néron. Il était alors à Carthagène, où il tenait les états généraux de ſa province; il ſe hâta d'aſſembler ſes amis, & leur demanda conſeil ſur la conduite qu'il devait tenir dans une circonſtance auſſi délicate. Un homme d'état, qui commandait une de ſes légions, lui obſerva avec juſteſſe que délibérer, ſi on reſterait fidelle à Néron, c'était déjà lui avoir manqué de fidélité; il lui remit ſous les yeux la fin tragique de Corbulon, & ce Général, à qui ſa Philoſophie n'avait pas donné les principes ſublimes de Virginius, n'ayant que le choix de l'Empire ou de la mort, ſe détermina, au lieu de faire un Souverain, à l'être lui-même. Quoiqu'il ne ſe déférât que le titre modeſte de Lieutenant de la République, il compoſa un Sénat des plus fameux exilés, ſe forma une garde de Chevaliers Romains, & ſe laiſſa proclamer ſucceſſeur de Néron au Trône des Céſars.

La défection de Vindex n'avait que faiblement allarmé le tyran de Rome; mais celle de Galba lui cauſa un ſi violent effroi, qu'il reſta quelque temps ſans parole & ſans connaiſſance. A peine fut-il revenu à lui-même, qu'il déchira ſes habits, ſe frappa la tête, & s'écria que c'en était fait de lui. On voulut le conſoler : *non*, répondit-il, *mon infortune eſt ſans exemple; je ſuis le ſeul qui voie de mon vivant paſſer ma couronne ſur la tête d'un autre.*

Qui croirait que, malgré tant de ſujets d'allarmes, Néron n'interrompit point le cours de ſes débauches; il cherchait à ſe diſtraire par des orgies licencieuſes, feignant une ſérénité qu'il n'avait pas, & chantant des couplets contre Vindex & contre Galba, couplets qu'il accompagnait de gestes lascifs, & en usage seulement parmi la populace.

Néron, s'il en faut croire Suétone, quand sa tête était libre des fumées du vin, roulait dans son esprit les plus affreux projets de vengeance; il se proposait d'envoyer poignarder tous les Gouverneurs de province & tous les Généraux d'armée, comme complices de la même conspiration contre sa personne, de faire massacrer les exilés, de livrer les Gaules & l'Espagne au pillage des légions, d'empoisonner le Sénat entier dans un festin, & de brûler Rome, en lâchant en même temps des bêtes féroces contre le peuple, afin de l'empêcher d'arrêter les progrès de l'embrâsement. Il ne manquait pas de sophismes, pour justifier aux yeux de sa tyrannie ces projets de Cannibales; sophismes auxquels le sage le plus pacifique ne peut répondre que par son silence & par un coup de poignard.

Assassiner ses peuples n'est pas combattre leurs vengeurs. Néron, obligé de recourir à des préparatifs militaires, s'occupa beaucoup du ſoin de choiſir des chars propres à tranſporter ſes concubines qu'il prétendait équiper pour la guerre, & armer à la façon des Amazones; il ordonna auſſi dans Rome des levées d'hommes & d'argent; mais la haine publique le pourſuivait, & on refuſait aſſez ouvertement, ſoit de contribuer à une guerre civile, ſoit de s'enrôler ſous ſes drapeaux. Le tyran ayant prononcé une harangue violente contre Vindex & Galba, dont la péroraiſon finiſſait par ces mots: *les ſcélérats ſeront enfin punis; ils auront une fin digne d'eux.* Tout le monde s'écria d'une voix unanime: *oui, Néron, cette prédiction ſe vérifiera.* On obſerva auſſi dans le temps, que la dernière pièce où ce monſtre avait joué, était *Œdipe banni*, & que ſon rôle finiſſait par ces deux vers:

Une mère, une épouſe aiguiſant mes remords,
M'entraînent malgré moi dans le ſéjour des morts.

Cependant l'attente des Romains commençait à ſe remplir; Galba avait ſoulevé pour lui l'Occident : tous les Généraux qui avaient quelque commandement dans l'Empire ſe hâtaient de lui demander ſon amitié. Il n'y eut que deux hommes puiſſans qui ne voulurent point aider à la révolution : Claudius Macer commandant en Afrique, qui avait l'ambition de ſe revêtir lui-même de la pourpre des Céſars, & Virginius, qui voulait reſſuſciter avec ſa vertu, le fantôme de la République.

MORT DE NERON,

ET FIN DE L'HISTOIRE DE LA MAISON DES CÉSARS.

Le ſupplice de Néron commença avec la défection de Galba, mais non pas ſes remords : à la nouvelle que toutes les armées de l'Empire s'étaient déclarées pour ſon rival, il renverſa la table où il cherchait, ſuivant l'expreſſion d'Horace, à boire l'oubli de ſes tourmens, & briſa deux vaſes de grand prix, ſur leſquels des vers d'Homère étaient gravés ; il renferma auſſi, dans une boîte d'or, du poiſon compoſé par Locuſte, & ſe tranſporta dans les jardins de Servilius : là, il ſonda quelques Centurions des cohortes Prétoriennes pour les engager à être les compagnons de ſa fuite ; mais les uns tergiversèrent, & les autres refusèrent ouvertement : un de ces Officiers oſa répondre par ce vers de Virgile ;

Eſt-ce un malheur ſi grand que de ceſſer de vivre (*a*) ?

Parmi les projets qu'il roulait alors dans ſon eſprit, il penſa à monter ſur la tribune aux harangues, pour prier le peuple de lui pardonner ſes attentats paſſés, & s'il ne pouvait réuſſir à le fléchir, de lui demander au moins la préfecture de l'Egypte. On trouva, après ſa mort, dans ſon porte-feuille, une harangue timide & baſſe qu'il avait compoſée ſur ce ſujet, mais il n'oſa ſe rendre dans la place publique ; il craignait, avant d'y arriver, d'être mis en pièces par la multitude.

Pendant ces tergiverſations, la défection devenait générale ; Nymphidius, un des Préfets du Prétoire, corrompait les ſoldats chargés de la garde de leur Souverain, & leur perſuadait d'abandonner

(a) *Uſque adeo ne mori miſerum eſt ?*

Néron. Ce ſcélérat, de la condition la plus ſervile, & qui ſe diſait iſſu de Caligula par une courtiſane, oſait aſpirer lui-même à la toute puiſſance; il promit trente mille ſeſterces par tête à chaque Prétorien, pour manquer à la fidélité qu'il devait à Néron, & *cet homme lâche*, dit Plutarque, *fit ainſi une trahiſon, de ce qui pouvait être un ſervice rendu à la patrie.* Il faut obſerver que cette idée d'acheter à prix d'or la perfidie des gardes du Prince, fut l'origine à Rome de mille régicides.

Cependant Néron s'étant réveillé ſur le minuit, s'apperçut que les ſoldats de ſa garde avaient quitté leur poſte; alors il ſe leva bruſquement, & envoya chez les courtiſans qu'il appellait ſes amis : la vertu malheureuſe trouve rarement des amis, à plus forte raiſon la tyrannie mourante, qui ne peut ſe flatter que d'avoir des complices. Comme aucun de ſes meſſagers ne revenait, il ſortit du palais peu accompagné, & alla lui-même de maiſon en maiſon ; mais toutes les portes reſtèrent fermées : le ſilence de la mort ſemblait régner de toutes parts, & il fut obligé de rentrer dans ſon palais, où il trouva ſes Officiers en fuite, & ſes meubles enlevés, ainſi que ſa boîte de poiſon. Furieux, il envoie chercher un de ſes gladiateurs favoris pour l'égorger ; & comme perſonne ne lui obéiſſait : *quoi !* s'écrie-t-il, *je n'ai donc plus ni ami ni ennemi !* & à l'inſtant il ſort comme pour ſe précipiter dans le Tibre.

Un parricide ne peut avoir même le courage féroce du ſuicide : Néron renonça bientôt au deſſein de ſe noyer, & il imagina de chercher quelque retraite obſcure, pour avoir le temps de ſe reconnaître. Phaon, un de ſes affranchis, lui offrit une petite maiſon de campagne qu'il avait à quatre milles de Rome, & il l'accepta ; il partit à l'inſtant nuds pieds, & n'ayant ſur le corps qu'une ſimple caſaque ; il ſe voila la tête, mit un mouchoir devant ſon viſage, & monta à cheval, n'ayant pour cortège que quatre personnes, dont l'une était l'infâme Sporus.

Sa route, quoique d'un court eſpace, rappella la fuite déſaſtreuſe de Marius; la terre trembla ſous ſes pieds, comme s'il avait cotoyé les flancs caverneux d'un volcan. Son cheval, effarouché par l'odeur d'un cadavre, ſe cabra & fut ſur le point de le renverſer, & ce qui dut lui être bien plus amer, obligé de cotoyer le camp des Prétoriens, il entendit les imprécations que les ſoldats vomiſſaient contre ſa longue tyrannie.

Arrivé à un petit détour, le tyran fugitif, pour n'être point reconnu, laiſſa ſon cheval parmi les brouſſailles, & ſe gliſſa dans un champ plein de roſeaux, mettant de temps en temps ſa caſaque ſous ſes pieds pour éviter de ſe bleſſer: enfin, il arriva au pied du mur de ſa retraite. Phaon lui propoſa alors de ſe retirer dans une ſablonnière; mais il déclara qu'il n'était pas fait pour s'enſevelir tout vivant, & il reſta au pied de la muraille, pendant qu'on cherchait une iſſue ſecrette pour le faire entrer dans la maiſon; dans ce moment il eut ſoif, & puiſant avec le creux de ſa main de l'eau dans un foſſé plein de fange: *voilà donc*, dit-il, *le breuvage de Néron!* Il arracha enſuite les ronces qui bordaient ſon manteau, paſſa dans une ouverture qu'on venait de creuſer, en ſe traînant ſur ſes mains & ſur ſes genoux; & arrivé dans le réduit obſcur qu'on lui deſtinait, il ſe jetta ſur un miſérable lit d'eſclave.

La fuite de Néron commençait à n'être plus un myſtère; le Sénat, regardant le Trône des Céſars vacant, reprit l'exercice des droits de la ſouveraineté, comme au temps de l'ancienne République, déclara Néron ennemi public, & ordonna qu'il fût puni ſuivant la rigueur des anciennes loix; en même temps, il proclama Galba Empereur, & lui déféra tous les titres de la ſouveraine puiſſance. Cette nouvelle fut reçue avec autant d'yvreſſe de la multitude, que celle de la victoire de Scipion ſur Annibal, qui fit décerner des actions de graces aux Dieux du Capitole.

Un courier de Phaon apporta, quelques heures après, l'arrêt du Sénat : Néron demanda quel était le genre de ſupplice que déſignait la formule du Sénatuſconſulte ; on lui dit qu'on dépouillait le coupable, qu'on lui aſſujettiſſait la tête dans les branches d'une fourche, & qu'on le frappait de verges juſqu'à la mort. Le tyran épouvanté, prit alors deux poignards qu'il avait apportés, eſſaya leurs pointes, mais les remit bientôt dans le fourreau, en diſant que l'heure fatale n'était pas encore arrivée ; cependant les cavaliers qui avaient ordre de l'amener vivant, approchaient : Néron les entendit, prononça en tremblant ce vers d'Homère ;

Le fracas des chevaux vient frapper mon oreille :

& à l'aide de ſon ſecrétaire Epaphrodite, ſe perça le ſein avec un de ſes poignards.

Le Centurion qui commandait les cavaliers, accourut, mit un pan de sa casaque devant sa blessure, & feignit d'être venu à son secours : *il est bien temps*, dit Néron, *est-ce là la fidélité que tu me devais ?* A ces mots, ses yeux se roidirent d'une manière qui effraya les spectateurs, & il expira.

Néron avait recommandé aux compagnons de sa fuite de ne pas permettre que sa tête fût livrée à son rival, & de brûler son corps tout entier : on en demanda la permission à Icelus, affranchi de Galba, qu'on avait mis en prison au commencement des troubles, & qui à peine tiré de captivité, affectait déjà l'orgueil de la toute-puissance. Sur son agrément, le corps du tyran fut enveloppé d'un voile blanc tissu d'or, & sa cendre déposée presque sans pompe au tombeau de la maison des Domitius : le monde entier semblait n'avoir pu suffire à la rapacité insolente de ce Despote, & on n'employa pas deux cents mille ſeſterces à la dépenſe de ſes funérailles.

Néron mourut dans la trente-deuxième année de ſon âge, le propre jour où il fit périr Octavie : ſon règne avait été de treize ans & huit mois moins deux jours ; ainſi cet évènement tombe à l'an 820 de l'ère du Capitole. En lui s'éteignit la maiſon d'Auguſte, qui n'avait fourni au monde qu'une dynaſtie de tyrans. Si l'on remonte à la bataille d'Actium, époque de l'aſſerviſſement de la République, il y avait, à la mort de Néron, un ſiècle moins deux ans que le deſpotiſme des Céſars peſait ſur Rome & ſur l'Univers.

Si on rapproche tous les traits épars dans le tableau détaillé que nous avons préſenté de Néron, on aura une idée du ſort que ce tyran devait attendre dans toutes ſortes de Gouvernemens.

Néron, un de ces hommes faits pour être le fléau de la terre, & dont le cœur ſemble une des plus fortes preuves d'une dégradation dans la nature, porta au dernier période le délire du despotisme & celui de la scélératesse : il fit regretter aux Romains Tibère & Caligula ; & , quelqu'atroce que fût la tyrannie de plusieurs de ses successeurs, il ne fut jamais regretté.

Ce monstre rompit d'abord avec une fureur réfléchie tous les nœuds qui le liaient à la nature ; il empoisonna Domitia sa tante & Britannicus son frère ; il tua d'un coup de pied Poppée, une de ses épouses, qui était enceinte, proscrivit la tête d'Octavie, qui l'avait précédée dans son lit & dans son cœur, & envoya poignarder Agrippine sa mère, dont la tendresse & les crimes lui avaient valu le premier Trône de l'Univers.

Persuadé que la pudeur n'était pas même une loi de convention humaine, il se livra avec emportement à la débauche la plus effrénée ; il chercha de nouveaux plaisirs, non pour les goûter, mais pour en déshonorer les instrumens, & il termina la scène cynique de ses amours, en époufant comme femme un pantomime, & comme homme un eunuque.

Il ne lui manquait, pour être le plus abominable des hommes, que de conjurer contre fa patrie; &, en effet, il en fut le Catilina; il projetta de faire poignarder tous les Gouverneurs de province & tous les Généraux d'armée, de maſſacrer tous les exilés, d'empoifonner le Sénat entier, & de brûler la ville, après avoir lâché contre le peuple les tigres des ſpectacles. La révolution occafionnée par la défection des Gaules & de l'Efpagne l'empêcha d'exécuter tous ces horribles complots; mais il eut du moins la ſatisfaction, avant de mourir, d'avoir renouvellé dans fa patrie la cataſtrophe de Troye, & d'avoir brûlé les deux tiers de Rome pour fe donner le ſpectacle d'une tragédie.

Il me femble que, parvenu à ce dernier degré de ſcélérateſſe, cet ennemi du genre humain ne devait trouver dans aucune efpèce de Gouvernement l'impunité de fes crimes : il y a un point d'atrocité dans l'abus du pouvoir, où la loi cesse d'être désarmée, où la patrie est tout, & où le Despote n'est plus qu'un homme.

Placez Néron dans un Gouvernement plus absolu encore que celui de Rome sous les Césars; qu'il monte, par exemple, sur un de ces Trônes mobiles de l'Asie, où des Monarques sans intelligence commandent d'ordinaire à des peuples sans sentiment : on punira le crime par le crime; & ainsi le grand procès entre le Prince & ses sujets sera bientôt jugé. On ne reprochera pas au despote l'opprobre de ses mœurs ; mais à la première flamme qui s'élevera de la capitale embrâsée, un mécontent viendra au palais le poignard à la main, assassinera le Sultan & régnera à sa place.

Si le fils d'Agrippine fût né Roi de Sparte, l'indignation publique ne se serait point exercée sur les mêmes objets ; mais le tyran n'aurait pas pour cela joui de l'impunité : il pouvait se faire que l'incendie de la moitié de la ville émut peu les Citoyens qui, n'ayant rien en propriété, ne pouvaient rien perdre. Je ſerais encore tenté de croire que les loix de Lycurgue rendant à Sparte toutes les femmes publiques, & anéantiſſant ainſi les noms ſacrés de fils & de mère, on aurait pu pardonner à Néron juſqu'à ſon parricide; mais ſi on avait vu ce monſtre épouſer, en qualité de femme, le pantomime Pythagore, ces fiers Lacédémoniens, chez qui les femmes même étaient des hommes, ſe feraient indigné de tant d'opprobres, & les Ephores auraient fait condamner leur vil Souverain au ſupplice des eſclaves.

Transférons le tyran de Rome du gouvernement mixte de Sparte dans une ariſtocratie telle que celle de Veniſe. La conjuration du Doge contre ſa patrie, qu'il veut mettre en cendres, va réveiller tous les Citoyens de leur léthargie : une bouche d'airain s'ouvre pour recevoir les délations ſecrettes; les inquiſiteurs d'Etat travaillent, dans le ſilence de la nuit, à dévoiler toutes les trames du nouveau Catilina, & le lendemain le Sénat lui fait trancher la tête.

Dans une démocratie où le Gouvernement a également pour baſe la propriété & les mœurs, le peuple punirait ſon premier Magiſtrat, & comme ennemi de la nation, & comme incendiaire; il arracherait à ſes ſatellites leurs flambeaux, mettrait le feu au palais, & laiſſerait conſumer dans les flammes l'affreux Néron avec le pantomime ſon mari, & l'eunuque ſa femme.

Je ne ſais ſi je me trompe: mais dans une Monarchie tempérée, & où le Trône eſt héréditaire, la nation ſerait encore plus ſenſible à l'empoiſonnement de Britannicus qu'à tous les autres attentats de Néron; car, dans un tel état, on peut fermer les yeux ſur le libertinage du Prince, on peut dédommager les particuliers de l'incendie de leurs maiſons; mais on ne peut, qu'avec des flots de ſang humain, réparer le tort que fait au Gouvernement l'extinction de la Famille Royale. Néron, connu pour Néron, périrait probablement avant d'avoir achevé d'empoisonner son frère; ou, si le crime était consommé, il y aurait une révolution, & le Prince en serait encore la première victime.

S'il se trouvait un Etat fondé sur les mœurs & sur les loix, dont les Citoyens fussent à-la-fois libres & sujets, & où le Souverain, enchaîné pour faire le mal, se trouvât armé, pour faire le bien, de toute l'énergie du pouvoir; j'aime à croire qu'il serait impossible à un Souverain, né avec l'ame la plus atroce, d'y être Néron, ou s'il l'était, on l'étoufferait au commencement de son règne, comme à Lacédémone, la loi faisait étouffer ces enfans mal organisés, qui, loin d'être des Spartiates, paraissaient à peine des hommes.

Par la nature des Gouvernemens modernes, & par la douceur que la Philosophie apporte journellement dans les mœurs, il paraît impossible que l'Europe, de long temps, compte des Néron parmi ſes Souverains ; mais s'il s'en trouvait, c'eſt une conſolation pour le genre humain, de ſavoir qu'ils ne jouiraient pas long-temps du fruit de leurs crimes, & que même, ſur ce globe, leurs malheurs juſtifieraient la Providence.

Fin de l'Hiſtoire Romaine ſous la dynaſtie des Céſars.

TABLEAU

DE

L'HISTOIRE ROMAINE,

Depuis l'extinction de la dynastie des Césars, jusqu'a la chute de l'Empire d'Occident.

TABLEAU

DE

L'HISTOIRE ROMAINE,

Depuis l'extinction de la dynastie des Césars, jusqu'a la chute de l'Empire d'Occident.

On peut regarder l'époque de l'extinction de la dynastie des Césars comme la ligne de démarcation, qui sépare l'histoire ancienne de celle du moyen âge.

Nous avons écrit, avec le plus grand détail, l'histoire de l'antiquité, comme celle que les plus beaux génies nous ont transmise, celle qui est la plus fertile en grands hommes, & dont la lecture eſt plus propre à en faire naître.

L'hiſtoire du moyen âge faible, aride, & de la plus dégoûtante monotonie, ne montrant, pour ainſi dire, que le ſquelette de la nature humaine, ne mérite pas de fixer les pinceaux de l'Hiſtorien des hommes.

Que peuvent dire au cœur de l'homme les annales Romaines, depuis Galba juſqu'à Auguſtule? Ce récit éternel de guerres civiles, fomentées par des ſcélérats ſans caractère, de conſpirations ſans héroïſme républicain, de traits de tyrannie ſans cette énergie d'ambition, qui ſemblent les juſtifier, dégoûte l'écrivain & le lecteur à chaque page; ſi les noms des perſonnages étaient barbares, on croirait lire l'hiſtoire des Rois de notre première race.

Au milieu de cet amas de fange & d'horreurs, il s'élève cependant de temps en temps quelques hommes qui ſemblent d'un autre ſiecle; mais preſque tous les monumens de leurs grandes actions sont anéantis: l'histoire, attentive à nous dévoiler toutes les perfidies d'un Despote petit & cruel, toutes les infamies de son serrail, se tait quand il s'agit de peser sur la bienfaisance d'un héros, sur ses grandes vues d'administration, sur l'art qu'il a d'arrêter les principes de vie, dans un Etat gangrené, & de faire illusion sur sa longue décadence.

C'est, en effet, une observation bien étrange, que les Historiens du moyen âge nous aient transmis tout ce qu'il importait assez peu de savoir d'un Commode, d'un Caracalla & d'un Heliogabale, & qu'ils nous aient caché tout ce qui était digne de l'admiration du genre humain, ou de sa reconnaissance, dans la vie d'un Titus, d'un Trajan, d'un Pertinax, d'un Probus & d'un Marc-Aurèle.

Pour comble de malheur, aucun de ces Historiens n'a une plume capable de donner aux évènemens une grandeur qu'ils ne pouvaient tenir de la faibleſſe des perſonnages : les annales Romaines, ſous ces Deſpotes petits & cruels, ſont écrites comme celles d'un couvent. Hérodien, dans ces temps malheureux, nous tient lieu de Plutarque : nous avons Lampride, le Moine Zozime, l'abréviateur Xiphilin & Agathias, à la place de Tacite, de Salluſte, & de Tite-Live (*a*).

Toutes ces raiſons réunies nous ont déterminé à changer ici la forme de cet ouvrage, à ne donner qu'un tableau rapide de la vie des Empereurs, depuis

---

(*a*) Tacite, cependant, n'eſt pas encore tout-à-fait perdu : ſon hiſtoire nous reſte pour les premières années qui vont ſuivre la mort de Néron. Suétone, de ſon côté, ne nous abandonne qu'à l'aſſaſſinat de Domitien ; mais ce motif ne nous a pas paru ſuffiſant, pour ne pas terminer l'hiſtoire de l'antiquité à une époque mémorable, telle que celle de l'extinction de la dynaſtie des Céſars.

Galba jusqu'à Augustule, & à chercher à instruire avec des phrases, au lieu d'ennuyer avec des volumes.

GUERRES CIVILES. TROUBLES ET CONVULSIONS DE L'EMPIRE PENDANT LES TROIS ANNÉES QUI SUIVIRENT LA MORT DE NÉRON (a).

TOUTE odieuſe qu'avait été au monde la maiſon des Céſars, ſon anéantiſſement lui fut peut-être encore plus fatal que ſa tyrannie ; la mort de Néron divulgua un myſtère d'Etat : c'eſt que l'on pouvait faire

(a) Outre l'hiſtoire de Tacite, celle de Dion, & les vies de douze Céſars, de Suétone, nous avons, pour les premiers chapitres de ce tableau, une vie de Galba, écrite par Plutarque ou par ſon fils, faible comme le Prince dont elle fait le tableau. Il ſemble aſſez ſingulier qu'on trouve dans le rang des hommes illuſtres ce Galba, qui ne parut digne du Trône que lorſque le crime d'une ſoldateſque effrénée le força d'en deſcendre ; au reſte, on s'étonnera moins de voir figurer le ſucceſſeur de Néron à côté des Céſars, des faire un Empereur ailleurs qu'à Rome; & ce qui détruisait encore plus essentiellement le Gouvernement par sa base, que cet Empereur pouvait être fait par les soldats, & non par le corps législatif, naturellement dépositaire, dans les interrègnes, de la souveraineté.

Galba croyait ses affaires désespérées, quand Icelus vint lui apprendre la mort de son rival & sa proclamation à l'Empire. A l'instant, il eut une Cour brillante, comme s'il eût été depuis vingt

---

Aristide & des Philopèmen, quand on saura que Plutarque avait aussi composé la vie de Caligula & de Néron, & que les portraits de ces monstres devaient servir de pendant à ceux des grands hommes de Rome & de la Grèce. Il résulte de cette observation que le vrai titre du plus bel ouvrage du Philosophe de Chéronée n'est pas *parallèles des hommes illustres*, mais *parallèles des hommes célèbres*; car on sait que les grands crimes ont droit à la célébrité comme les grands talens, & que Cromwell & Kouli-Kan vivront autant que Virgile & Marc-Aurèle.

ans ſur le Trône des Céſars : toutes les légions qui ſe trouvaient alors en Occident lui prêterent ſerment de fidélité. Macer, qui de l'Afrique où il commandait voulait affamer l'Italie, fut tué; Virginius lui-même n'avait pas attendu le dernier à donner l'exemple de la ſoumiſſion. A la nouvelle de la mort de Néron, ſon armée lui avait encore déféré la toute-puiſſance, & un Tribun avait été juſqu'à lui dire, en lui préſentant ſon épée nue, *reçois la couronne ſur ta tête, ou ce fer dans ton ſein;* mais ferme dans ſes principes ſublimes de modération, il avait déclaré que l'Empereur fait par le Sénat ſerait le ſien. Galba récompenſa tant de vertus, en donnant un ſucceſſeur à Virginius; celui-ci vint à la Cour, où il fut accueilli avec une froideur qui humilia tout le monde, excepté celui qui en était l'objet; au reſte, le nouveau Céſar borna là les effets ſiniſtres de ſa jalouſie, & dans un temps auſſi déſaſtreux, on crut qu'il avait fait beaucoup en laissant la vie à un grand homme qui avait été son rival.

La fortune de Galba le servait aussi bien à Rome, que dans le reste de l'Empire; nous avons vu que Nymphidius avait préparé la révolution, en promettant trente mille sesterces à chacun des Prétoriens qu'il commandait; ce scélérat, long-temps favori de Néron, & qui, après sa mort, avait encore eu la bassesse d'épouser l'infâme Sporus, veuf de ce monstre, méprisant Galba comme un vieillard sans caractère, qui aurait à peine la force de se faire conduire en litière jusques dans sa capitale, aspira ouvertement à la toute-puissance; il ordonna à Tigellin, son collègue, de quitter l'épée de Préfet du Prétoire, & affecta l'orgueil insolent de protéger le Sénat; mais les Prétoriens ne lui laissèrent pas le temps d'être puni par tous les ordres de l'Etat qu'il insultait, & au moment où il venait dans leur camp se faire reconnaître Empereur, ils le massacrèrent.

Galba abuſa de ſon triomphe, en faiſant maſſacrer trois Citoyens d'un ordre diſtingué, qui étaient les amis de Nymphidius & non ſes complices. Ce faible vieillard était alors obſédé par Vinius, par Laco & par Icelus, trois factieux, qui s'empreſſaient, dit le grand Corneille, *à qui dévorerait ce règne d'un moment.* Ils lui perſuadèrent de faire maſſacrer les ſoldats de marine qui étaient venus avec trop d'audace lui demander la confirmation de leurs privilèges; & ce qui n'indigna pas moins ce qui reſtait encore de Romains dans la capitale, d'épargner l'infâme Tigellin, l'inſtrument des barbaries de Néron, dont l'Empire entier lui demandait la tête.

Il manquait à Galba d'aliéner l'eſprit des Prétoriens, & il le fit par un mot, dont toute l'auſtérité des anciennes mœurs républicaines n'aurait pu excuſer l'imprudence; ils s'attendaient, non à la largeſſe inſenſée que Nymphidius leur avait promiſe, mais à une légère gratification pareille à celle que Néron leur avait accordée à ſon avènement. Le vieillard couronné, qui ſe croyait au temps des Cincinnatus & des Curion, répondit, plutôt avec hauteur qu'avec majeſté, qu'il était dans l'uſage de lever des ſoldats, & non de les acheter.

Les eſprits commençaient à fermenter, quand Galba, qui ſentit le beſoin qu'il avait d'un appui pour maſquer ſon inertie, réſolut d'adopter Piſon, Citoyen d'une naiſſance illuſtre, & que ſa ſévérité de mœurs faiſait paſſer, à la Cour débordée de Néron, pour miſantrope. Il aſſemble alors un conſeil, & lui fait part de ſon projet: voici quelques traits de la harangue ſublime que lui prête Tacite, mais que sûrement le faible Empereur ne prononça jamais.

« J'ai été appellé au Gouvernement » par le ſuffrage des dieux & des hom- » mes; & ton patriotiſme, Piſon, m'en- » gage à t'offrir, dans le ſein de la » paix, cet Empire que la guerre m'a

» donné. Auguste se chercha un successeur dans sa famille ; pour moi, je l'ai cherché dans la République : mon fils, tu es dans un âge où la fougue des passions est amortie, & ta vie passée ne t'a laissé aucun remord ; ainsi, ton caractère doit te porter à conserver la bonne foi, la liberté & l'amitié, les premiers des biens de l'espèce humaine ; mais de vils flatteurs viendront empoisonner ces dons de la nature, ils aimeront mieux parler à ton rang qu'à toi-même ; car il est difficile de donner à son Souverain des conseils qu'il doive suivre : il est aisé de flatter quelque Prince que ce soit, & pour flatter, il n'est pas besoin d'aimer.

» Si le vaste corps de l'Etat pouvait conserver son équilibre, sans avoir besoin de Souverain, je ferais revivre l'ancienne République ; mais les besoins de l'Etat se sont accumulés, & ma vieillesse ne peut désormais être utile au peuple Romain, qu'en me choisissant

» un ſage ſucceſſeur ; depuis Auguſte, » l'Empire a été l'héritage d'une famille ; » pour nous, nous avons été élus, & » c'eſt déjà un pas vers la liberté ; ne » détruis pas, mon cher Piſon, l'ouvrage » des Dieux, & ſonge que tu vas com- » mander à des hommes qui ne peuvent » être ni tout-à-fait libres, ni tout-à-fait » eſclaves ».

L'adoption de Piſon fut notifiée aux Prétoriens & au Sénat. Les Prétoriens, indignés qu'à cette occaſion Galba ne leur eût fait aucune largeſſe, s'abandonnèrent aux murmures les plus audacieux : c'était-là où les attendait Othon : cet ancien favori de Néron, accablé du poids de ſes dettes, qui montaient à deux cents millions de ſeſterces, s'était mis, par ſa mauvaiſe conduite, dans la néceſſité de périr ou d'être Empereur ; il ſe concilia avec adreſſe les eſprits des ſoldats, &, de concert avec vingt-trois hommes, n'ayant dans ſon tréſor qu'un peu plus de cent mille livres de notre monnaie, il projetta de monter au premier Trône du monde ; &, ce qui confond tous les calculs de la politique humaine, il réussit.

Le vieil Empereur offrait, au moment de la révolution, un sacrifice solemnel ; il fatiguait de ses prières, dit le sublime Tacite, des Dieux qui n'écoutaient plus que son rival ; il apprend qu'Othon était au camp des Prétoriens, se faisant déférer tous les titres de la suprême puissance ; il envoie Pison pour appaiser l'émeute, & marche lui-même au-devant des séditieux, pour les ramener, par l'aspect vénérable de ses cheveux blancs, par son éloquence patriotique, & par le tableau des désastres que l'avènement de son rival causerait à ce qu'il appellait encore la République.

Au moment où Galba, armé de sa cuirasse, montait en litière, un soldat vient à sa rencontre, & lui montre une épée ensanglantée, prétendant qu'elle lui a servi à tuer Othon : *camarade*, lui dit le vieillard qui devenait un héros en ceſſant de régner, *qui t'en a donné l'ordre*?

Il s'en fallait bien que le nouvel Empereur mît autant de majeſté dans ſes diſcours & dans ſes démarches; il deſcendait aux baſſeſſes les plus ſerviles pour ſe rendre cher aux Prétoriens, & leur répétait ſans ceſſe que les richeſſes du monde Romain étaient à eux, & qu'il ne prétendait avoir pour lui que ce que ſes ſoldats voudraient bien lui laiſſer.

Le Souverain des ſoldats, comme on devait s'y attendre dans un ſiècle auſſi dégradé, l'emporta ſur le Souverain de la nation; les Prétoriens s'avancent, la lance baiſſée, dans la place publique où était Galba, haranguant la multitude; ni la majeſté du Sénat, ni l'aſpect du Capitole ne ſont un frein pour leur audace; le peuple effrayé ſe diſperſe, la litière du vieux Souverain ſe renverſe, & un ſoldat vient couper la tête à Galba. Comme le ſcélérat ne pouvait la tenir ſuſpendue par les cheveux, dont elle était entièrement dégarnie, il enfonce ses doigts dans la bouche, & élève en l'air ce trophée abominable jusqu'à ce qu'on lui apporte une lance au haut de laquelle il l'attache ; ainsi périt, dit l'immortel Tacite, le successeur de Néron, ayant joué un rôle distingué sous cinq Empereurs, & plus heureux sous le règne d'autrui que sous le sien. Son esprit était médiocre, & il fut plutôt sans vices que vertueux ; sa naissance, & le malheur des temps, firent donner à son indolence le nom de Philosophie : long-temps bon guerrier, & Magistrat intègre, il parut au-dessus d'un particulier tant qu'il ne fut qu'un personnage subalterne, & tout le monde l'aurait jugé digne de succéder aux Césars s'il ne leur avait jamais succédé.

Pison ne survécut que quelques momens à son père ; il se sauva, tout blessé qu'il était, dans le temple de Vesta ; mais deux soldats qui le poursuivaient le tirèrent de son asyle, & le poignardèrent.

L'odieux Triumvirat, qui avait flétri

de ſes crimes le règne paſſager de Galba, ne tarda pas à être renverſé ; Vinius expira, percé, en fuyant, d'un coup de lance; Laco, relégué dans une île déſerte, fut égorgé en route, & l'affranchi Jcelus fut envoyé au ſupplice.

Othon, qui réuſſit avec vingt-trois hommes à détrôner Galba, était d'une naiſſance obſcure; il devait toute ſon illuſtration à ſon père, qui, après avoir été long-temps favori de Tibère, devint Proconſul d'Afrique. Cet Othon, le premier de ſa race, rendit aux Céſars quelques ſervices, par ſa fermeté à maintenir la diſcipline militaire parmi les légions; il y avait eu, ſous l'Empire de Claude, une émeute en Illyrie, & les ſoldats qui avaient trempé dans la rébellion de Camille, effrayés bientôt par leurs remords, avaient oſé tuer leurs propres Capitaines. Othon fit conduire ces aſſaſſins au premier rang des légions, & quoique leur crime eût été récompenſé par des grades militaires, il leur fit trancher la tête en ſa préſence.

Il faut, à cette occaſion, faire une obſervation importante ſur les mœurs Romaines, qui nous a échappé dans les annales de la République ; c'eſt que la préſence du Général & la vue de l'armée ajoutaient beaucoup au ſupplice d'un ſoldat, ſur-tout avant l'uſurpation des Céſars. Un Citoyen voyait ſans crainte la mort ſur un champ de bataille, mais il ne pouvait ſoutenir l'idée de mourir avili ; quoiqu'en diſe l'immortel Auteur de l'eſprit des loix, l'honneur ſervait aux vieux Romains de mobile comme la vertu : je dis plus, toutes choſes égales d'ailleurs, un républicain doit avoir plus d'honneur que le ſujet d'un Monarque, & la raiſon en eſt bien ſimple, c'eſt qu'il eſt membre du Souverain, c'eſt que ſes biens lui appartiennent, c'eſt qu'ayant beaucoup de motifs pour être vertueux, il a d'autant plus d'honneur qu'il a plus de vertu.

Le jeune Othon profita moins de la célébrité de ſon père que du crédit d'une courtiſane, pour s'inſinuer à la Cour de

Néron; il n'eut pas de peine à devenir un des favoris de ce monſtre : leurs mœurs étaient faites pour ſympathiſer; on dit même qu'ils ſe lièrent par un commerce mutuel de proſtitution. Le favori épouſa la fameuſe Poppée, qui lui fut enlevée par ſon maître, ce qui fut la cauſe de ſa diſgrace. Néron, pour voiler ſon exil ſous un titre honorable, le fit Gouverneur de la Luſitanie.

Après deux ans d'une adminiſtration, qui fut plus ſage qu'on ne devait l'attendre d'un ancien courtiſan de Néron, Galba s'étant déclaré en Eſpagne le vengeur du monde opprimé, Othon ſe rangea le premier ſous ſes drapeaux; il ſe flatta même que ce Prince l'adopterait, ce qui l'élèverait un jour au Trône des Céſars; mais Piſon lui ayant été préféré, il conſpira, ſoit pour ſe venger, ſoit pour payer ſes dettes; le complot réuſſit, & l'aſſaſſin de Galba devint Empereur.

Jamais il ne parut mieux qu'à cette révolution, combien on doit peu compter ſur le zèle & l'amour d'un peuple dégradé par un ſiècle de ſervitude. Galba, à la naiſſance du complot d'Othon, avait recueilli des témoignages flatteurs d'intérêt de la part de tous les ordres de l'Etat ; à la mort de ce Prince tout changea, & le paſſage fut ſi ſubit, qu'on aurait cru voir un autre Sénat & un autre peuple Romain : tout Citoyen connu courait au camp, vantait le patriotiſme des Prétoriens, & s'empreſſait de baiſer la main de ce même Othon, dont une heure auparavant il avait déſigné le ſupplice.

Le Sénat ne tarda pas à couronner tant de baſſeſſes ; il révêtit le nouvel Empereur du titre d'Auguſte, de la puiſſance Tribunitienne, & de toutes les marques de la toute-puiſſance. Othon, ainſi reconnu, ſortit du camp, vint dans la place publique, qui regorgeait de ſang, & foulant aux pieds les cadavres des amis de Galba, monta en triomphe au Capitole.

Cependant les Prétoriens, qui avaient fait un Empereur, ſongèrent à en recueillir le fruit; ils commencèrent par ſe nommer deux Préfets & un Gouverneur de la ville. Othon feignit de ne pas remarquer cet attentat contre la majeſté impériale, qu'il n'était pas en ſon pouvoir de punir.

Cette condeſcendance rendit la milice inſolente, & fut ſur le point d'amener une nouvelle révolution. Othon avait commandé d'armer une cohorte qui était à Oſtie, & l'Officier chargé de l'exécution de ſes ordres, avait choiſi l'entrée de la nuit pour ouvrir l'arſenal; les ſoldats, qui pénétrèrent mal les intentions pacifiques du Tribun, prirent ombrage de cet armement; ils ſoupçonnent qu'on veut armer contre Othon les eſclaves des Sénateurs, & ſe livrant à cette idée abſurde & atroce, ils égorgent leurs premiers Centurions, montent à cheval, & ſe rendent, l'épée à la main, au palais impérial.

Othon était alors à table, & il y avait plus de quatre-vingt Sénateurs ou Magiſtrats au nombre de ſes convives: l'allarme fut générale; on ne ſavait ſi les ſoldats préparaient une nouvelle révolution, ou ſi l'Empereur allait renouveller les ſcènes perfides des Caligula & des Néron ; chacun attachait ſes regards ſur le viſage du Prince, cherchant à lire dans les replis de ſon ame, & la terreur de celui-ci ne faiſait que redoubler la terreur univerſelle. Othon n'avait point l'ame atroce des derniers Céſars ; ſenſible au péril auquel la première nobleſſe de Rome était expoſée, il lui ordonna de ſe dérober par la fuite à l'emportement des Prétoriens : tous les convives ſe hâtèrent alors de ſortir du palais, jettant à l'envi les marques de dignité qui auraient pu les faire reconnaître, & répandirent l'allarme dans les divers quartiers de la ville : on attendit long-temps la cataſtrophe de cette ſingulière tragédie ; mais on en fut quitte pour la crainte, & la faibleſſe d'Othon appaiſa le trouble que le haſard avait fait naître.

Les barrières du palais n'avaient pu arrêter les Prétoriens ; ils bleſsèrent les

Officiers qui veillaient à ſa garde, & pénétrèrent tout ſanglans juſqu'à la ſalle du feſtin. A la vue d'Othon, leur indignation s'exhala contre tous les grands de Rome, & ne pouvant déſigner en particulier aucun coupable, ils demandèrent la permiſſion de maſſacrer tout le Sénat. Ce Prince réuſſit, à force de manières rampantes, à les appaiſer, & ils s'en retournèrent, conſternés, mais ſans éprouver encore de remords.

Le lendemain, Othon vint dans le camp des Prétoriens, fit diſtribuer aux ſoldats cinq mille ſeſterces par tête, & après ce préliminaire pacifique, demanda la tête de deux hommes obſcurs auxquels perſonne ne s'intéreſſait, & qu'il avait eu l'adreſſe de déſigner comme les chefs de l'émeute. Ces deux malheureux furent en effet conduits au ſupplice, & la ſérénité revint dans Rome juſqu'à ce que la haine pour Vitellius y ramenât toutes les horreurs des guerres civiles de Sylla & de Marius, & tous les crimes des deux Triumvirats.

Othon, cependant, cherchait à faire pardonner, par la ſageſſe de ſon adminiſtration, le crime de ſon avènement; il arracha des mains des Prétoriens Marius Celſus, Conſul déſigné, que ſa fidélité à Galba avait fait juger digne du dernier ſupplice, & loin de prendre avec ce perſonnage illuſtre le ton d'un Prince offenſé qui pardonne, ſans ſouffrir qu'il deſcendît à des éclairciſſemens, il l'admit ſur le champ au rang de ſes amis, & le choiſit pour un de ſes Généraux dans la guerre qu'il méditait contre Vitellius.

Il n'acquit pas moins de droits à la reconnaiſſance publique, en ordonnant la mort de Tigellin; cet infâme Miniſtre de Néron s'était retiré à Sinueſſe, avec la précaution de tenir des navires toujours prêts à mettre à la voile, pour mettre la mer entre Othon & lui en cas de diſgrace; mais il ne fût point averti à temps par ſes eſclaves: on lui lut ſa ſentence, &, contraint de s'y ſoumettre, il ſe coupa la gorge avec un raſoir au milieu de ſes concubines.

C'eſt lorſque le gouvernement d'Othon commençait à promettre des jours heureux aux Romains, que s'alluma la guerre civile entre lui & Vitellius.

Vitellius, dont la maiſon, malgré les adulateurs qui lui créèrent une généalogie, ne remontait qu'à un Chevalier Romain, qui fut Intendant d'Auguſte, était né la ſeconde année du règne de Tibère; il paſſa les premières années de ſa jeuneſſe dans Caprée, & prit dans cet infâme ſerrail le germe de tous les vices, qui le déshonorèrent quand il ſe vit élevé au Trône Impérial; il plut à Caligula par le mérite de bon cocher, à Claude par ſa paſſion pour le jeu, & à Néron par le débordement de ſes mœurs, & l'excès de ſa gourmandiſe. Ces talens, les ſeuls qui mènent à tout à la Cour des Deſpotes, lui valurent de parcourir la carrière des Magiſtratures, & d'être révêtu des plus honorables ſacerdoces.

Le mépris univerſel de la nation pour Vitellius fut le motif qui engagea le miniſtère de Galba à le nommer Commandant des légions de la baſſe Germanie; on n'avait voulu que prévenir une révolte, & ce choix, tout indigne qu'il était, la détermina. Vitellius ſe rendit cher aux ſoldats par ſes manières baſſes & rampantes, & un matin, il ſe vit enlevé de ſa tente par quelques ſéditieux, & porté de rue en rue dans Cologne, tenant à la main une épée nue qu'on prétendait avoir appartenu à Jules-Céſar : tel fut le cérémonial de ſon élévation à l'Empire. Après cette étrange inſtallation, Vitellius ſe rendit à un feſtin qu'on lui avait préparé, & n'en ſortit que contraint par le feu, qui prit à la ſalle. Les électeurs ſemblaient effrayés de cet accident, qui leur paraiſſait le plus ſiniſtre des préſages; mais le nouveau Prince eut le bon eſprit de leur dire que *ce feu n'était qu'une lumière qui venait les éclairer;* les ſoldats, revenus de leur frayeur ſuperſtitieuſe, déférèrent à l'Empereur, qu'ils venaient de faire, le beau nom de Germanicus.

L'étoile de Vitellius le servit dans cette révolution bien plus que ses talens : les légions de la haute Germanie, des Gaules & de la Grande-Bretagne se hâtèrent de le reconnaître ; alors il envoya en Italie deux armées, l'une de quarante mille hommes, sous la conduite de Valens, & l'autre de trente mille, sous celle de Cecina, promettant de les suivre avec de plus grandes forces encore pour achever la conquête du monde.

Avant les premières hostilités entre Othon & Vitellius, les deux rivaux s'écrivirent des lettres pleines de machiavélisme, pour s'engager mutuellement, sous les promesses les plus flatteuses, à descendre d'un Trône que chacun avait usurpé, & les moyens de corruption ayant échoué, ils s'envoyèrent réciproquement l'un contre l'autre des assassins, qui furent décélés & conduits au supplice.

Enfin il fallut combattre : la campagne s'ouvrit de la manière la plus heureuse pour Othon. Sa flotte, quoique mal gouvernée, lui soumit toute la côte maritime de la Ligurie & de la Narbonnaise, & retint dans son parti les îles de la Méditerranée; mais la fortune changea bientôt de drapeaux : on eut la mal-adresse de ne point s'opposer à la jonction de Cecina & de Valens, & les deux armées réunies vinrent camper à Bedriac, non loin du Pô, où se donna la bataille décisive. La victoire fut pour les Généraux de Vitellius, & le lendemain de l'action les vaincus ayant les Prétoriens à leur tête, vinrent prêter serment au vainqueur.

Othon était à Brixellum pendant qu'on combattait pour lui à Bedriac; d'abord un murmure sourd & sinistre lui annonce sa disgrace, &, bientôt après, la nouvelle est confirmée par un soldat témoin de la bataille, qui, se voyant traité de fourbe ou de lâche par le Conseil de guerre, se perça de son épée aux pieds de l'Empereur. Othon ne parut point troublé; il ne changea point de visage, & l'armée de réserve qu'il avait dans Brixellum lui croyant de grandes ressources, se disposa à venger son désastre ; mais le Prince était loin de vouloir mettre ainsi à l'épreuve le courage de ses soldats : il avait une horreur invincible pour la guerre civile ; les noms de Brutus & de Sylla prononcés devant lui, le faisaient frémir, & il avait assuré plusieurs fois que jamais il n'aurait songé à détrôner Galba, s'il n'avait cru y réussir presque sans tirer l'épée : il prit donc un parti généreux, qui ne devait être fatal qu'à lui-même, & il le motiva ainsi dans un discours digne de Caton d'Utique, que lui prête l'immortel Tacite.

« Ce serait mettre un trop grand prix » à la vie que de l'acheter, en exposant » votre courage à de nouveaux dangers ; » plus votre valeur m'offre de ressources, » si je consens à vivre, plus ma mort » sera glorieuse, si je les rejette. Je me » suis essayé avec la fortune, & cette » épreuve me suffit ; c'est Vitellius qui a » commencé la guerre civile, c'est à lui » que Rome doit s'en prendre, si nous nous

» sommes disputés, en combattant, le » Trône des Césars; il sera beau pour moi » d'avoir voulu qu'on n'ait combattu » qu'une fois : c'est par ce trait que la » postérité jugera d'Othon. Mon rival » retrouvera dans Rome, où j'étais le » maître, son frère, son épouse & ses » enfans : je n'ai besoin ni de consola- » tion, ni de vengeance; d'autres auront » sur moi l'avantage d'avoir commandé » plus long-temps, mais personne n'aura » renoncé au commandement avec plus » de générosité. Quoi! je souffrirais que » la fleur de la jeunesse Romaine soit de » nouveau enlevée pour ma querelle! s'il » est de votre patriotisme de me sacrifier » vos vies, il est de ma gloire de ne point » accepter un pareil sacrifice; mon dessein » est pris, & je l'exécuterai avec d'autant » plus de fermeté, que je ne me plains » de personne; car c'est désirer de vivre » encore que d'accuser les dieux ou les » hommes ».

Plutarque ajoute encore de nouvelles

teintes à cette apologie déguiſée du ſuicide. « Si j'ai été jugé digne de gouverner ma » patrie, dit Othon chez ce Philoſophe, » je dois m'immoler pour elle comme » les Decius & les Codrus. La victoire » peut-être n'a pas encore tout-à-fait » abandonné nos aigles Romaines ; mais » quels ſont les ennemis auxquels nous » diſputons l'Empire de l'Italie ? Ce n'eſt » ni Annibal, ni Pyrhus, ni les Cimbres ; » nous faiſons la guerre à des Romains, » & les uns & les autres vaincus & vain- » queurs, nous déchirons également le » ſein de la patrie : ſoyez perſuadés, » malgré le fanatiſme de votre zèle, que » dans la poſition où le deſtin m'a mis, » il eſt plus glorieux pour moi de mourir » que de commander à l'Univers ».

Othon ne démentit point, par ſa faibleſſe, la vertueuſe férocité à laquelle ce diſcours ſemblait préparer ; il fit paraître, dans ſes derniers momens, le même flegme & la même humanité que le grand Caton, devenu ſon modèle ; il conſola ſes amis, qui l'allaient quitter pour jamais, leur fit donner des navires de tranſport pour ſe mettre à couvert du reſſentiment du vainqueur, brûla les lettres qui renfermaient les témoignages d'un zèle qu'on allait chercher à punir, & diſtribua de grandes ſommes d'argent, mais avec ſageſſe & diſcernement, & non avec la prodigalité faſtueuſe d'un inſenſé, qui ne ménage rien parce qu'il va mourir.

Pendant qu'Othon faiſait les apprêts de ſon ſuicide, on lui annonce que ſes ſoldats ameutés troublaient la retraite des Sénateurs : *ajoutons encore*, dit-il, *une nuit à notre vie*, & il alla appaiſer la ſédition.

Sur le ſoir, il ſe fit apporter deux poignards, mit le plus affilé ſous ſon chevet, & dormit avec la plus grande ſérénité ; au point du jour, il appelle ſon affranchi de confiance, s'informe ſi tous ſes amis ſont en ſûreté, & apprenant que tout ce qui faiſait ombrage à Vitellius pouvait braver ſa fureur ; *& toi*, lui dit-il, *hâte-toi de ſortir, de peur qu'on ne te regarde comme complice de ma mort.* L'affranchi était à peine hors de l'appartement, qu'Othon ſe perça à l'endroit du cœur, & tomba ſur ſon lit en rendant le dernier ſoupir.

Othon mourut à l'âge de trente-ſept ans, après trois mois de règne ; quelques Prétoriens ſe tuèrent de déſeſpoir à la pompe de ſes funérailles.

Cependant les légions qui reſtaient à Othon ne ſongeaient point à ſe ſoumettre à Vitellius ; elles offrirent l'Empire à Virginius, qui n'eut garde d'accepter d'une armée vaincue le Trône du monde, qu'il avait refuſé d'une armée victorieuſe : la vertu de ce grand homme les éclaira ſur le danger auquel les expoſait une nouvelle guerre civile, & elles ſubirent le joug auquel Othon n'avait échappé que par ſon ſuicide.

La victoire de Bedriac ne cauſa aucun mouvement dans Rome ; cette capitale du monde, accoutumée à ſubir le joug de tout ambitieux qui ſe diſait appellé à la gouverner, ſe contenta de changer le nom d'Othon en celui de Vitellius dans tous les actes publics où on avait beſoin de ſon ſuffrage, &, grace à la lâcheté du Sénat, le vainqueur de Bedriac ſe trouva, au bout de trois jours, auſſi ſolidement affermi ſur le Trône des Céſars, que ſi, adopté par Auguſte, l'Empire avait été ſon patrimoine.

Vitellius était encore dans les Gaules, quand ſes Généraux vainquirent pour lui à Bedriac; il partit ſur le champ pour l'Italie, & ſignala ſa route par divers actes de férocité; celui qui le rendit le plus odieux, fut le meurtre de Dolabella, Conſulaire, d'un nom illuſtre, parent de Galba, & qu'il avait été ſur le point d'adopter. Le nouvel Empereur le manda dans ſon camp, & donna ordre à l'Officier qui lui ſignifia cet ordre, de le mener par Interamna, & de le tuer dans cette ville: le délai parut trop long à l'aſſaſſin, & il le poignarda dans la première hôtellerie.

Il s'agiſſait de prendre un parti à l'égard des légions vaincues à Bedriac : les Généraux d'Othon eurent la lâcheté de s'accuſer d'infidélité, pendant le combat, pour obtenir leur grace. Vitellius ſe contenta d'envoyer au ſupplice quelques Capitaines : barbarie inutile après une victoire, & qui ne ſert qu'à autoriſer, dans une révolution, l'affreux droit de repréſailles ; quant aux légions dont la fierté donnait encore au Prince une ſorte d'inquiétude, après les avoir ſéparées, il les éloigna de l'Italie ; il caſſa auſſi les Prétoriens, mais ſans ignominie, dans la crainte de les aigrir : clémence forcée, qui ne les empêcha pas de reprendre les armes peu de temps après, quand l'Orient ſe déclara pour Veſpaſien.

Vitellius, en revenant à Rome, fut obligé de paſſer par Bedriac : la plaine offrait par-tout les monumens du carnage, & la pompe hideuſe de la victoire ; on avait négligé de brûler les cadavres des ſoldats qui avaient péri, & cette effroyable quantité de membres épars, ces monceaux d'ossemens à demi décharnés, ces restes sanglans & infects d'hommes & de chevaux qui pourrissaient ensemble, offraient, après quarante jours, le plus affreux spectacle. Les habitans d'une ville voisine, de Crémone, ajoutèrent encore une bordure à ce tableau atroce : au milieu de cet appareil de destruction & de mort, ils songèrent à couronner le vaiqueur de Bedriac; on les vit pratiquer au travers de la plaine, jonchée de cadavres, un chemin jonché de lauriers & de feuilles de roses. Vitellius ne fut point ému à la vue de tant de milliers de Citoyens restés la proie des vautours; au contraire, ses Officiers ayant témoigné quelque dégoût au sujet de l'air méphitique & cadavereux qui s'exhalait de toutes parts, il leur dit *qu'un ennemi mort sentait toujours bon, & encore plus un Citoyen égorgé.*

Vitellius avait dessein d'entrer dans Rome, comme dans une ville prise d'assaut, par une brêche faite à ses murailles;

de bons efprits qui étaient venus étudier fon caractère, l'en détournèrent; il fe contenta d'entrer dans la ville par un de fes arcs de triomphe; il était revêtu d'une cotte d'armes, entouré de foldats tenant l'épée nue à la main, & marchant au milieu des aigles & des drapeaux : c'eft ainfi qu'il monta au Capitole; il y trouva fa mère, à qui il donna, en l'embraffant, le nom d'Augufta; quelque temps auparavant, il avait donné à fon fils, à peine forti du berceau, le furnom de Germanicus.

Le nouvel Empereur ne fignala guères fon avènement que par des actes de démence ou de defpotifme; plein de mépris pour la religion de fa patrie & pour fes loix, il fe révêtit du grand Pontificat le jour finiftre des défaites de Crémère & d'Allia, donna pour dix ans des Magiftratures annuelles, & fe fit lui-même Conful pour toute fa vie. Pour ne point laiffer en fufpens le peuple Romain fur le modèle qu'il avait choifi parmi les

Césars, il invita au champ de Mars tous les Citoyens qui avaient des dignités sacerdotales, & fit devant eux un sacrifice aux mânes de Néron.

Sa conduite ne démentit point un aussi affreux présage; sa pente à la cruauté était si violente, qu'il condamnait tout le monde à mort, quel que fût son délit. D'anciens amis, personnages distingués, liés avec lui dès le berceau, & qu'il avait invités par mille caresses à venir partager avec lui le fardeau du Gouvernement, périrent victimes de ses odieux artifices. Un d'entr'eux, dans un accès de fièvre, lui ayant demandé un verre d'eau froide, il y mêla du poison, & présenta lui-même le breuvage.

Suétone nous a donné beaucoup de détails sur cette férocité de Vitellius, digne de Néron, son modèle. Un de ses anciens créanciers s'étant présenté devant lui pour lui faire sa cour, il l'envoya au supplice; ensuite il le rappella subitement, & comme ses courtisans faisaient l'éloge

de

de ſa clémence, il fit poignarder l'infortuné devant ſon Tribunal, diſant qu'il voulait repaître ſes regards de la mort de ſon ennemi. Deux fils ayant tenté d'obtenir la grace de leur père, furent mis à mort avec lui : le tyran s'offenſait même de l'improbation qu'on donnait dans le Cirque à la faction qu'il protégeait, & pour ce prétendu crime d'Etat, pluſieurs Citoyens perdirent la vie ; enfin, pour qu'il ne manquât rien au parallèle de Vitellius avec le monſtre qu'il avait pris pour modèle, on le ſoupçonna d'avoir fait mourir Sextilia ſa mère, en défendant que pendant ſa maladie on lui apportât à manger. Une Sybille, de la nation des Cattes, en lui prédiſant qu'il régnerait long-temps, s'il pouvait ſurvivre à la perſonne qui l'avait fait naître, parut lui avoir inſpiré ce parricide.

Vitellius a acquis plus de droits encore à une odieuſe célébrité par ſa gourmandiſe, que par ſa férocité ; il ne ſe croyait maître du monde que pour manger : d'ordinaire, il faiſait trois grands repas par jour, & quelquefois il en ajoutait un quatrième; ſon eſtomac ſuffiſait, au reſte, à ces excès, à cauſe de l'habitude où il était de ſe faire vomir; ſon frère, qui voulut le flatter dans tous ſes goûts, lui donna, le jour de ſon entrée dans Rome, un feſtin dont Apicius lui-même aurait été jaloux: on y ſervit deux mille poiſſons & ſept mille oiſeaux. Le Prince porta cette profuſion inſenſée encore plus loin, le jour qu'il dédia ſolemnellement un plat d'argent, qu'il appellait, à cauſe de ſa grandeur énorme, le bouclier de Minerve; il le remplit uniquement de foies de ſcares, de cervelles de paons, de laitances de murènes, & de langues de phénicoptères: il avait fallu, pour fournir à ce repas, faire contribuer les mers d'Aſie & d'Eſpagne, & on avait armé pour cette expédition une eſcadre compoſée de trirèmes.

On peut juger de la dépenſe de la ſeule table de Vitellius par un calcul de

Dion ; cet Hiſtorien, qui exagère ſans doute, ſuppoſe que pendant les huit mois de règne de ce Prince vorace, cette table lui coûta neuf cents millions de ſeſterces, qui, ſuivant l'évaluation de quelques modernes, répondraient à plus de cent douze millions.

Au reſte, Vitellius n'était point délicat dans le choix des viandes qui ſervaient à aſſouvir ſa voracité ; dans ſes voyages, il mangeait dans les hôtelleries avec ſes palefreniers ; s'il aſſiſtait à un ſacrifice, il ne ſe faiſait point un ſcrupule d'enlever de deſſus les charbons les gâteaux ſacrés & les entrailles des victimes.

Il était temps que Veſpaſien vînt mettre fin à un règne auſſi inſenſé que féroce, & qu'il ſauvât Rome en s'en rendant le maître. Veſpaſien, fils d'un financier obſcur, d'une petite bourgade voiſine de Rièti, était né cinq ans avant la mort d'Auguſte : l'illuſtration de ſa maiſon commença à ſon frère, qui fut Conſul &

Gouverneur de Rome ſous trois Empereurs. Pour lui, il eut beſoin d'être protégé par Narciſſe, pour obtenir un double ſacerdoce, les ornemens du triomphe, & le commandement d'une légion; peu ambitieux de ſon naturel, à la vue des excès de Néron, il ſe retira inſenſiblement de la Cour, & ne chercha qu'à s'en faire oublier. Un jour que le déſœuvrement le conduiſit au théatre, il eut le malheur de s'endormir pendant que ce Prince faiſait entendre *ſa voix céleſte*, & on lui enjoignit de ne plus paraître en préſence de ſon Souverain. Veſpaſien ſe retira dans une retraite écartée, & il n'attendait plus que la mort, quand il ſe vit chargé de la guerre contre les Juifs & du ſiège de Jéruſalem; il mit à ce commandement une activité, une bravoure & un génie qu'on ne lui connaiſſait pas, & ſans la tache d'une avarice ſordide dont en aucun temps il ne put ſe laver, on aurait pu, dit Tacite, le comparer aux Scipion, aux Camille & aux Généraux les plus illuſtres de l'ancienne République.

A la révolution qui ſuivit la mort de Néron, il prêta ſerment de fidélité à Galba, & lorſque la nouvelle du maſſacre de ce Prince fut parvenue en Orient, il attendit, pour prendre un parti, que la fortune eût décidé entre les deux rivaux qui ſe diſputaient ſon Trône. *L'Empire*, lui diſait ſon ami Mucien, *ne tardera pas à être vacant ; Othon & Vitellius ſont également eſclaves de la molleſſe & de la volupté : leurs vices rendent leur ruine infaillible ; la guerre nous déſera de l'un, & l'autre périra par ſa victoire.*

Mucien, au défaut de Philoſophie, avait le ſang froid de l'homme d'Etat, & cette longue expérience, qui, à force de calculer les évènemens, vient à bout de les maîtriſer : il devina juſte. Veſpaſien ſe laiſſa proclamer Empereur à Alexandrie par les légions de Judée, de Syrie & d'Egypte, & bientôt cet exemple fut ſuivi par tout l'Orient. Il ſe tint un conſeil de guerre à Beryte en Phénicie, où on dressa le plan des opérations de la campagne, & Mucien, ainsi qu'Antonius Primus, partirent chacun à la tête d'une armée pour la conquête de l'Italie.

Primus arriva le premier, & tous ses pas furent marqués par des exploits. Vitellius par-tout fut vaincu ou trahi : Bassus, le Commandant de sa flotte de Ravenne, passa du côté de Vespasien; Cecina, un de ses Généraux de terre, voulut livrer ses légions à Primus; mais ses propres soldats, indignés d'une pareille perfidie, se saisirent de lui, & le chargèrent de chaînes.

La guerre civile continua malgré toutes ces défections, & elle fut aussi remarquable que celle de Marius, ou du second Triumvirat, par son atrocité; dans une action qui se passa auprès de Rome, un cavalier déclara à Vespasien qu'il avait tué son frère, & demanda à ce titre une récompense.

Dans un combat nocturne, qui fut livré

auprès de Crémone, un fils tua son père. Ce malheureux le reconnut lorsqu'il allait rendre les derniers soupirs, &, si nous en croyons Tacite, il se justifia ainsi : *Ce crime est celui de la guerre civile & non le mien ; mon parricide se confond dans la multitude des parricides, & qu'est-ce qu'un soldat sur toute une armée ?*

La prise de Crémone par Primus parut décider la querelle entre Vitellius & Vespasien ; mais le sac de cette ville nuisit beaucoup à la renommée du conquérant. Pendant quatre jours & quatre nuits, le soldat effréné se permit toutes sortes de violences : tout y fut la proie des flammes, les temples comme les palais, & on y passa au fil de l'épée cinquante mille hommes.

Vitellius n'était plus Empereur que dans Rome, & il n'avait plus que l'alternative de mourir, l'épée à la main, dans les champs d'honneur, ou de capituler avec son rival ; sa lâcheté l'engagea à prendre le dernier parti ; il fut convenu entre lui

& Sabinus, frère aîné de Vespasien, qu'il abdiquerait la toute-puissance moyennant une pension de cent millions de sesterces, & la liberté de passer le reste de sa vie dans une maison de plaisance située sur les côtes de la Campanie.

Vitellius tint, malgré les amis qui lui restaient encore, un traité aussi ignominieux : le 18 décembre, il sortit du palais Impérial en long habit de deuil, portant son fils, en bas âge, dans une litière. Arrivé à la place publique, il déclara, les larmes aux yeux, qu'il abdiquait pour le bien de la paix, prit entre ses bras son fils, le recommanda au peuple Romain, & ôta son épée comme pour se dessaisir du droit de vie & de mort. Ce spectacle pathétique fit sur la multitude le même effet que le viol de Lucrèce, ou le meurtre de Virginie ; on prit les armes dans tous les quartiers de la ville, pour conserver à Vitellius le Trône qu'il voulait abandonner, & Sabinus ayant voulu faire tête à l'orage, fut vaincu, &

obligé de ſe renfermer dans le Capitole.

A l'inſtant les cohortes de Germanie font le ſiège de la place, & y mettent le même acharnement que les anciens Gaulois commandés par Brennus : chaque ſoldat ne prenait d'ordre que de ſon reſſentiment ; ils mettent le feu aux portes, & allaient pénétrer par le nouveau paſſage que leur ouvraient les flammes, lorſque Sabinus renverſe les ſtatues des anciens héros de Rome, & s'en fait un rempart contre la rage des aſſaillans.

Cependant le feu qu'on avait jetté ſur les édifices commençait à exercer ſon activité ; bientôt l'incendie ſe communiqua de proche en proche, juſqu'au temple de Jupiter, qui fut entièrement conſumé.

Les ſoldats entrèrent au travers des flammes dans le Capitole, & y exercèrent leur férocité comme dans une ville priſe d'aſſaut. Sabinus fut chargé de chaînes & conduit à Vitellius, qui, ſur les inſtances de ſon armée, le fit traîner au ſupplice.

Au milieu du tumulte, Domitien, le ſecond fils de Veſpaſien, ſe revêtit d'une robe de lin, &, caché dans un temple, échappa aux recherches des ſoldats. Le ſalut de ce monſtre fut un évènement plus déſaſtreux pour Rome, que l'incendie du Capitole.

Primus vint venger la mort de Sabinus & le ſac du Capitole. Rome fut priſe, preſque ſans réſiſtance, le jour même où elle célébrait la fête des Saturnales : Vitellius, pendant le tumulte, ſe ſauve par les derrières du palais Impérial, & ſe fait porter en litière dans la maiſon de ſa femme ſur le mont Aventin. Ce dernier aſyle était moins ſûr encore ; alors il revient au palais, mais il n'y voit qu'un vaſte déſert : ſes derniers eſclaves avaient diſparu ; le ſilence de la ſolitude l'effraye ; il met autour de ſes reins une ceinture de pièces d'or, & va ſe cacher dans une loge de portier, auprès d'un chien qui était à l'attache. Un Tribun militaire vient l'arracher de cette vile retraite : on le traîne ignominieufement les mains liées derrière le dos, la toge déchirée devant une multitude qui ne prend aucun intérêt à fon fort; il femblait, dit Tacite, que l'ignominie de fa mort avait éteint dans les fpectateurs tout fentiment d'humanité. Les foldats obligeaient le tyran détrôné, en lui préfentant la pointe de leurs épées, tantôt à lever la tête pour voir le fpectacle de tant d'outrages, tantôt à contempler fes ftatues renverfées : on arrêtait principalement fes regards fur le lieu de carnage où Galba avait été maffacré; enfin on l'entraîna jufqu'aux gémonies, où avait été traîné le frère de Vefpafien. Ce Prince ne témoigna quelque courage que lorfqu'il dit au Tribun, qui l'accablait d'indignités, *j'ai cependant été ton Empereur*; enfuite il tomba percé de coups, & la populace déchira fon cadavre avec autant de rage, qu'elle l'avait flatté pendant fa vie avec baffeffe.

La mort de Vitellius entraîna la ruine de fa maifon; fon frère, qui pouvait périr les armes à la main, se rendit à discrétion, & fut envoyé au supplice : on poignarda jusqu'à son fils, à peine sorti du berceau, & à qui on ne pouvait reprocher d'autre crime, que d'être issu d'un père revêtu de la pourpre des Césars ; il ne se sauva du désastre que sa fille, qui fut dans la suite mariée & richement dotée par Vespasien.

CONSIDÉRATIONS SUR LA MORT VIOLENTE DES TROIS EMPEREURS QUI ONT SUCCÉDÉ A NÉRON.

NOUS ne sommes point accoutumés dans nos contrées pacifiques de l'Europe, à voir les Souverains périr d'une mort violente; la raison a appris aux troupeaux intelligens qui les habitent, à aimer avec enthousiasme leur berger lorsqu'il les protège, & à le respecter encore lorsqu'il cesse de veiller sur eux : ainsi, tout ce qui n'est pas né avec un esprit faux & une ame de boue, regarde l'assassinat des Rois comme le dernier période de la dépravation humaine. On remarque même que, lorsque le Parlement de Cromwell fit périr Charles Ier avec le glaive des loix, l'Europe entière s'accorda à regarder les Anglais comme des parricides.

Cette raison éclairée adoucit également les mœurs de la partie des hommes qui gouverne & de celle qui est gouvernée;

elle prévient les attentats des peuples contre leurs Princes, & ceux des Princes contre leurs peuples. Ainsi le Philosophe est à-la-fois le bienfaiteur des sujets & le défenseur des Rois.

Il s'en faut bien que la stupide Asie soit aussi fortunée ; ses peuples courbés sous la verge du despotisme, n'ont de force que pour peser leurs fers, ou pour en frapper leurs Souverains; ils ne savent se défendre contre leurs maîtres qu'en les massacrant, & ils sont également malheureux par le mal qu'ils font & par celui qu'ils éprouvent.

Il faut attribuer au pouvoir absolu tant de morts violentes qu'ont subi les Empereurs, depuis que Rome cessa d'être soumise aux Consuls, jusqu'à ce qu'elle devint le patrimoine des Pontifes. Le despotisme, ainsi que nous avons eu déjà occasion de le dire plusieurs fois, est un poignard à deux tranchans, qui ne peut agir contre les peuples sans réagir contre les Rois.

Galba, Othon & Vitellius, qui régnèrent un instant après la destruction de la maiſon des Céſars, éprouvèrent, comme nous venons de le voir, ce ſort funeſte : mais ils périrent tous les trois d'une façon différente, & le haſard varia les ſcènes de cette ſanglante tragédie.

Vitellius, l'adulateur & le diſciple de Néron, périt par un ſupplice également infâme & ignominieux ; livré à la brutalité du peuple & des ſoldats, il épuiſa la coupe de l'opprobre, & ſubit toutes les agonies d'une mort lente & cruelle ; comme ce Prince, pendant les huit mois de ſon règne, avait uni la cruauté à tous les vices d'une ame crapuleuſe, il mourut comme il avait vécu ; & ceux mêmes qui l'avaient élevé au rang des Céſars, n'ajoutèrent pas au crime de l'avoir fait Empereur, celui de le regretter.

Pour la mort d'Othon, elle fut plus digne d'un Souverain ; il ſe tua avec le même ſang-froid que Caton, quoique ce ne fût pas pour une auſſi belle cauſe. Les Romains, qui ne s'attendaient pas à ce trait de courage de la part d'un jeune débauché qui avait commencé sa fortune en prêtant sa femme à Néron, lui pardonnèrent, en faveur d'une si belle mort, l'opprobre de sa conduite passée, & ils le jugèrent digne de régner à l'instant qu'il cessa de vivre.

Le philosophe de la nature, qui n'est point stoïcien, parce qu'il n'épouse aucune scite, & qui attache de la gloire à la vertu & non au suicide, préfère la mort de Galba à celle d'Othon : on voit, en effet, dans l'antiquité, peu de morts aussi glorieuses que celle de ce successeur de Néron. Au premier bruit de l'émeute, ce Prince toujours intrépide, malgré les glaces de l'âge & la faiblesse de tout ce qui l'environnait, ne songea point à se retrancher dans son palais ; il vint au-devant des partisans d'Othon, & tenta de se défendre contre les poignards des rebelles, n'ayant pour arme que son éloquence, ses cheveux blanchis au service de la patrie, & cette majesté qui n'abandonne jamais les Souverains quand ils savent l'être.

Toujours attaché aux loix, lorſque tout l'invitait à les violer, au lieu de récompenſer le ſoldat qui ſe vantait d'avoir tué Othon, il lui demanda qui lui avait donné l'ordre de l'aſſaſſiner.

Qu'y a-t-il de plus pathétique & de plus ſublime que les dernières paroles de Galba, lorſque les conjurés déchiraient ſon ſein? *Mes amis, vous vous trompez; n'êtes-vous pas à moi, ne ſuis-je pas à vous?*

Je ne ſais ſi je me trompe; mais je vois réunis dans la mort de ce Prince le courage d'un héros & la douce ſenſibilité d'un bon père de famille. Son intrépidité étonne l'imagination, ſans être contre la nature; & le Sage ne ſerait pas faché de mourir comme Galba, s'il avait régné comme Marc-Aurèle.

Fin du Tome XIV de l'Hiſtoire Romaine.

TABLE DES CHAPITRES DU TOME QUATORZIÈME DE L'HISTOIRE DE ROME.

Fin de la Table des Chapitres.

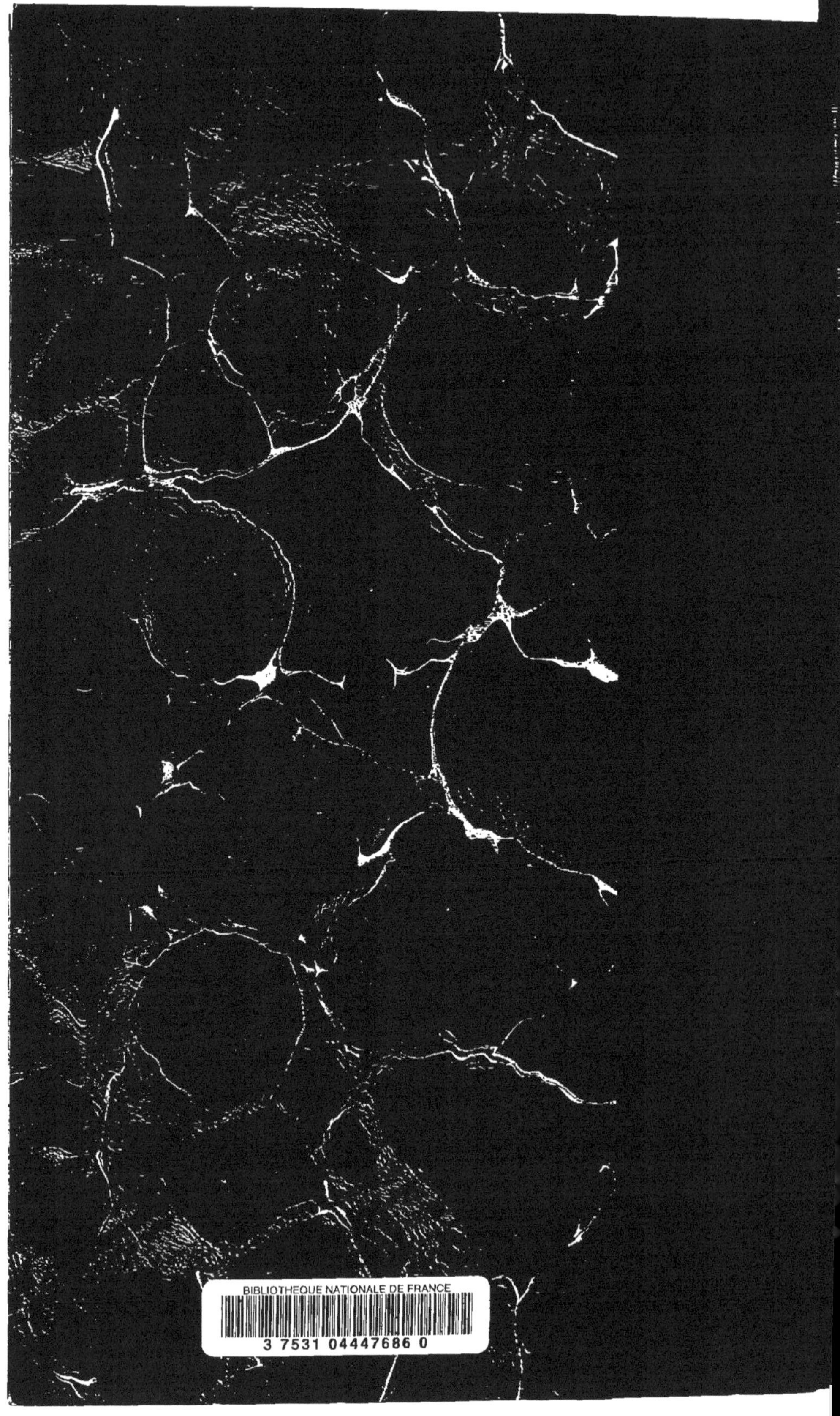
BIBLIOTHEQUE NATIONALE DE FRANCE
3 7531 04447686 0

www.ingramcontent.com/pod-product-compliance
Ingram Content Group UK Ltd.
Pitfield, Milton Keynes, MK11 3LW, UK
UKHW012155240726
13966UKWH00002B/349